CW01476461

ÖKONOMIK ALS WISSENSCHAFT

UND DIE METHODE

DER ÖSTERREICHISCHEN SCHULE

VON HANS-HERMANN HOPPE

mises.at
info@mises.at

© 2016, 2. Auflage
Übersetzung: Eugen Maria Schulak
Lektorat: Rahim Taghizadegan
Satz: Hans Jakob Knoblauch
Umschlag: Andreas M. Kramer (nach einem Muster von Koloman Moser)
Titel der Originalausgabe: Economic Science and the Austrian Method

Veröffentlicht unter Creative Commons Attribution License 4.0
creativecommons.org/licenses/by/4.0/

ISBN: 978-3-902639-25-7

INHALT

VORWORT

Es ist eine spezielle Freude, meine kleine Schrift *Economic Science and the Austrian Method*, mehr als zwei Jahrzehnte nach ihrer Erstveröffentlichung, in deutscher Übersetzung vorliegen zu sehen.

Nach meinem Umzug, Mitte der 1980er Jahre, von Deutschland in die USA war diese Arbeit meine zweite gewichtigere englischsprachige Veröffentlichung. Und wie die erste Publikation, *A Theory of Socialism and Capitalism* (1989), mit *Eigentum, Anarchie und Staat* einen deutschen Vorläufer hatte, so auch *Economic Science and the Austrian Method* (1995). In dieser Arbeit habe ich versucht, die erkenntnistheoretischen Überlegungen und Gedanken fortzuführen und weiterzuentwickeln, die ich erstmals in meiner *Kritik der kausalwissenschaftlichen Sozialforschung* (1985) vorgestellt hatte.

Naturgemäß würde ich heute, zwanzig Jahre später, manches anders formulieren, ergänzen, vertiefen und erweitern. Doch hinsichtlich der zentralen Thesen und ihrer Begründung sehe ich keinerlei Grund zur Veränderung. Sie haben nach wie vor Bestand.

Die Vorstellung, man könne menschliche Handlungen kausal, durch natürliche Ursachen erklären (und möglicherweise entsprechend kontrollieren) und der sozialwissenschaftliche Fortschritt ergebe sich als Resultat aus dem fortwährenden Testen und stets möglichen Scheitern (und nachfolgendem Revidieren-Müssen) hypothetisch angenommener Handlungs-Gesetze an der Erfahrung, dominiert die sozialwissenschaftliche Forschungspraxis nach wie vor nahezu unangefochten. Die vorliegende Arbeit demonstriert, dass und warum diese Vorstellung und die an sie anknüpfende Forschungspraxis ein widersinniger Irrtum sind und von daher scheitern muss. Und sie führt den Nachweis, dass die Sozialwissenschaften – die Wissenschaften vom menschlichen Handeln – tatsächlich einerseits *mehr* und andererseits *weniger* können als von Kausalwissenschaftlern angenommen und unterstellt.

Mehr: denn es gibt in den Sozialwissenschaften auch *nicht*-hypothetische Gesetzmäßigkeiten, Gesetzmäßigkeiten, die sich aus der Logik des Handelns selbst ergeben. Zum Beispiel: Man kann nicht gleichzeitig an zwei verschiedenen Orten sein, zwei Personen können nicht gleichzeitig verschiedene Dinge mit ein- und derselben Sache machen ohne miteinander in Konflikt zu geraten, man kann denselben Kuchen nicht zweimal essen, man kann nur konsumieren oder verteilen was zuvor produziert worden ist; oder auch: jede Geldvermehrung senkt die Kaufkraft einer Geldeinheit unter das ansonsten bestehende Niveau, ohne Privateigentum und Marktpreise von Produktionsmitteln ist eine Wirtschaftsrechnung unmöglich, ohne vorheriges Sparen gibt es kein Investieren, usw. Diese Aussagen testen zu wollen wäre widersinnig, und die Kausalwissenschaftler, die dessen ungeachtet insistieren, es gebe in den Sozialwissenschaften nichts außer Hypothesen, entpuppen sich mit dieser Einstellung als potenziell gefährliche Relativisten und Sozialingenieure.

Und weniger: denn hinsichtlich der Erklärung und möglichen Voraussage konkreter menschlicher Handlungen gibt es weder zwingend-logische noch hypothetisch-kausale Gesetze. Kausale Gesetze, auch wenn es sich bei ihnen nur um hypothetische Gesetze handelt, müssen, um bei ihnen überhaupt von Gesetzen und reproduzierbaren Tests sprechen zu können, voraussetzen, dass die Objekte auf die sie sich beziehen, also handelnde Personen einschließlich des Sozialforschers selbst, in ihrem Verhalten zeitinvariant konstant sind und bleiben. Doch diese Annahme ist nachweislich unzulässig. Denn in jede Handlung geht ein

Wissen des Handelnden um mögliche Ziele und zwecks Zielerreichung geeignete Mittel ein, und dies Wissen ist nie konstant, sondern immer variabel. Jede Handlung führt entweder zu einem Erfolg oder Misserfolg, und mit jeder Erfahrung von Erfolg oder Misserfolg lernt der Handelnde und verändert und erneuert er unablässig das handlungsbestimmende Wissen seine nächsten, nachfolgenden Ziele und Mittel betreffend. - Demnach: Ohne Hilfe irgendwelcher Gesetze kann der Sozialwissenschaftler zum Zweck der Erklärung und Voraussage methodisch nur dies (und tatsächlich verfährt auch jedermann schon im Alltagsleben praktisch genau so!): man muss versuchen, das Wissen und Wollen um Ziele und Mittel bestimmter Akteure zu bestimmten Zeitpunkten und an bestimmten Orten zu *verstehen*. Und, insoweit es sich um Voraussagen anstatt historische Erklärungen handelt, muss man versuchen, dieses Wissen und Wollen immer wieder *neu und erneut zu verstehen*, da es sich selbst im Zeitverlauf ständig ändert. Diese Methode des Verstehens ist selbst keine Gesetzeswissenschaft und sie erzeugt kein Gesetzeswissen, aber sie ist doch ein Handwerk oder eine Kunstfertigkeit, ohne deren zumindest rudimentäre Beherrschung eine Teilnahme an einem gesellschaftlichen Leben unmöglich ist.

Mein besonderer Dank gilt Mag. Georg Zundel, als Anreger und Förderer dieser Schrift, und Dr. Eugen-Maria Schulak, als Übersetzer.

HHH

Glanz, im August 2015

VORWORT ZUR ÜBERSETZUNG

Es war ein beachtliches Stück Arbeit, diesen extrem dichten und präzisen Text ins Deutsche, in die Muttersprache des Autors, gewissermaßen rückzuübertragen. Jeder, der HHH kennt, weiß, wie seine philosophische Redlichkeit ihn stets dazu zwingt, im Fachgespräch jedes Wort auf die Waagschale zu legen, um seiner Aufgabe als Lehrer gerecht zu werden. Dies gilt ganz besonders für die vorliegende Schrift, die sich den Grundlagen der Wissenschaft zuwendet und dabei den hartnäckigsten Irrtümern der modernen Erkenntnistheorie erfolgreich die Stirn bietet. Es lässt sich kaum erahnen, wie viel Denkarbeit hinter diesen Sätzen gesteckt haben muss, damit sie dann so klar und unmissverständlich erscheinen konnten. In ihrer Kürze und Gewichtigkeit ist diese Schrift eine hervorragende Einführung in den harten, ja härtesten Kern des Denkens, was wohl jedem Studierenden der Ökonomik und Philosophie, so er von echtem Erkenntnisinteresse geleitet ist, die Augen öffnen wird. Möge ihr eine große Verbreitung zuteil werden!

Besonderer Dank gebührt Georg Zundel, der den Wert der Schrift erkannt und ihre Übersetzung gefördert hat, sowie Rahim Taghizadegan für seine wertvollen Anregungen und Korrekturen.

Eugen-Maria Schulak

Wien, August 2015

PRAXEOLOGIE UND ÖKONOMIK[1]

I

Es ist hinreichend bekannt, dass die Österreichische Schule sich von anderen ökonomischen Traditionen – wie etwa der Historischen Schule, den Keynesianern, Monetaristen, Public Choice-Theoretikern, Institutionenökonomen und Marxisten – grundlegend unterscheidet. Besonders deutlich zeigt sich dieser Unterschied in den ökonomischen Grundsätzen und Methoden. Ungeachtet dessen kommt es zeitweilig zu Allianzen zwischen den „Österreichern" und speziell der Schule von Chicago sowie den Public Choice-Leuten: Ludwig von Mises, Murray N. Rothbard, Milton Friedman und James Buchanan etwa findet man oft als Verbündete, wenn es darum geht, die Ökonomik des freien Marktes gegen seine sozialdemokratischen und sozialistischen Kritiker zu verteidigen.

Doch wie wichtig solche gelegentlichen Einigungen aus taktischen und strategischen Gründen auch sein mögen, sie bleiben stets oberflächlich und decken die fundamentalen Unterschiede, die zwischen der Österreichischen Schule, vertreten durch Mises und Rothbard, und dem Rest nun einmal bestehen, bloß zu. Der ultimative Gegensatz, von dem alle Meinungsverschiedenheiten in der ökonomischen

---

1   Die folgenden zwei Aufsätze, die unter diesem Titel zusammengefasst wurden, beruhen auf zwei Vorlesungen, die am Ludwig von Mises Institute gehalten wurden (Advanced Instructional Conference on Austrian Economics, 21.-27. Juni, 1987).

Theorie und Methode hergeleitet werden können – Meinungsverschiedenheiten etwa betreffend der Vorzüge eines
Goldstandards versus eines „Geldes aus Nichts", Banken-
freiheit versus Zentralbanksystem, Auswirkungen von
Märkten auf die allgemeine Wohlfahrt versus staatliche
Wohlfahrtsmaßnahmen, Kapitalismus versus Sozialismus,
Zinstheorie und Konjunkturzyklustheorie etc. – liegt in
der Antwort auf die allererste Frage, die sich wohl jeder
Ökonom stellen muss: Was ist der Gegenstand der Ökonomik, und um welche Art von Aussagen handelt es sich bei
ökonomischen Lehrsätzen?

Die Antwort von Mises lautet, dass Ökonomik die Wissenschaft vom menschlichen Handeln ist. Dies klingt auf
den ersten Blick nicht sonderlich kontrovers. Dann aber
schreibt Mises hinsichtlich der Ökonomik als Wissenschaft folgendes:

> Nicht aus der Erfahrung können wir solche Erkenntnis schöpfen. So
> wenig Logik und Mathematik aus der Erfahrung stammen, so wenig
> stammt das, was wir über das Handeln in seiner reinen Form wissen, aus
> der Erfahrung. [...] [D]as Wesen des Handelns erkennen wir als handeln-
> de Menschen aus einem Wissen, das uns vor aller Erfahrung gegeben ist.[2]

Um das Wissensgebiet der Ökonomik zu veranschauli-
chen und ihren Rang als reine Wissenschaft – die mehr
mit der Logik als mit den empirischen Naturwissenschaften gemeinsam hat – angemessen zur Geltung zu bringen,
schlägt Mises den Begriff „Praxeologie" (die Logik des
Handelns) vor, für ein Wissensgebiet, das beispielhaft
durch die Ökonomik erläutert wird.[3]

---

2   Ludwig von Mises, *Nationalökonomie: Theorie des Handelns und Wirtschaftens*, Philosophia Verlag, München 1980 (unveränderter Nachdruck der 1. Auflage. Editions Union, 1940), 16f.

3   Die erkenntnistheoretischen Arbeiten von Mises finden sich vor allem in:
Grundprobleme der Nationalökonomie, mises.at, Wien 2016; sowie in: *Theorie und
Geschichte, H. Akston Verlags GmbH, München 2014*,; *Die Letztbegründung der
Ökonomik*, mises.at, Wien 2016 und *Nationalökonomie: Theorie des Handelns und
Wirtschaftens*, Philosophia Verlag, München 1980 (unveränderter Nachdruck der
1. Auflage. Editions Union, 1940) (hier insbesondere Erster Teil).

Hierin unterscheiden sich die Anhänger der Österreichischen Schule – oder präziser die Anhänger von Mises – von allen anderen ökonomischen Schulen der Gegenwart: Dass sie Ökonomik als eine a priori Wissenschaft begreifen, deren Lehrsätze logisch präzise begründbar sind. Alle anderen Schulen verstehen Ökonomik als eine empirische Wissenschaft, wie etwa die Physik, in der Hypothesen entwickelt werden, die ständig überprüft werden müssen. Demnach halten sie die Auffassung von Mises, dass ökonomische Lehrsätze existieren, die eindeutig als bewiesen gelten können, weil gezeigt werden kann, dass man sich in Widersprüche verwickelt, wenn man versucht, ihre Gültigkeit zu bestreiten, für unwissenschaftlich und dogmatisch – Lehrsätze, wie etwa das Gesetz des Grenznutzens, das Gesetz des Ertrags, die Zeitpräferenztheorie des Zinses oder die Österreichische Konjunkturzyklustheorie.

Die Ansicht von Mark Blaug, die für den erkenntnistheoretischen Mainstream höchst typisch ist, illustriert diese nahezu universelle Opposition zum Denken der „Österreicher". Blaug sagt über Mises: „Seine Schriften über die Grundlagen der Ökonomik sind derart exzentrisch und idiosynkratisch, dass man sich nur wundern kann, dass sie überhaupt von irgend jemandem ernstgenommen worden sind."[4]

Blaug liefert kein einziges Argument, um seinen Unmut zu begründen. Sein Kapitel über die Österreichische Schule endet schlicht mit dieser Aussage. Kann es sein, dass Blaug und andere das aprioristische Denken von Mises deshalb ablehnen, weil die argumentative Strenge einer aprioristischen Erkenntnistheorie für sie zu viel Beweiskraft hat?[5]

---

4   Mark Blaug, *The Methodology of Economics*, Cambridge University Press, Cambridge 1980, 93; ähnliche Äußerungen der Empörung finden sich in Paul Samuelson, *Collected Scientific Papers*, Bd. 3, Harvard University Press, Cambridge, Mass. 1972, 761.

5   Ein anderer prominenter Kritiker der Praxeologie ist Terence W. Hutchison, *The Significance and Basic Postulates of Economic Theory*, Macmillan, London 1938. Hutchison, wie Blaug Anhänger der Popper'schen Variante des Empirismus, ist mittlerweile über die Aussichten einer unter der Leitung der Empirie fortschreitenden Ökonomik schon weitaus weniger enthusiastisch (so zum Beispiel

Was hat Mises überhaupt dazu veranlasst, Ökonomik als
a priori Wissenschaft anzusehen? Aus heutiger Sicht mag es
überraschen, dass Mises seine Auffassung durchaus nicht
als eine Abweichung von den im frühen 20. Jahrhundert
üblichen Ansichten verstanden hat. Er hatte nicht die
Absicht, den Ökonomen Vorschriften zu machen, die im
Gegensatz zu dem stehen, was sie tatsächlich tun. Im Gegenteil: Mises sah seine Leistung als Wirtschaftsphilosoph
darin, systematisch zu verdeutlichen, was ökonomische
Wissenschaft tatsächlich ist und wie sie von nahezu jedem,
der sich selbst als Ökonom bezeichnet, stillschweigend verstanden wird.

In der Tat konnte Mises das früher bloß implizit vorhan-
dene und unausgesprochene Wissen systematisch erklären.
Dabei führte er einige konzeptionelle und terminologische
Unterscheidungen ein, die, zumindest im englischsprachi-
gen Raum, bislang unklar und unbekannt waren. Dennoch
befand sich seine wissenschaftliche Position im Wesentlichen in voller Übereinstimmung mit der damals orthodoxen Sichtweise. Mainstream-Ökonomen wie Jean Baptiste
Say, Nassau Senior oder John E. Cairnes verwendeten zwar
nicht den Begriff „a priori", beschrieben die Wissenschaft
der Ökonomik aber in recht ähnlicher Art und Weise.

Say schreibt: „Eine Abhandlung über politische Ökonomik wird sich ... auf eine kleine Zahl an Grundsätzen
zurückführen lassen, die man nicht beweisen muss, weil

in *Knowledge and Ignorance in Economics*, University of Chicago Press, Chicago
1977 sowie in *The Politics and Philosophy of Economics*, New York University Press,
New York 1981). Dennoch sieht Hutchison keine Alternative zum Popper'schen
Falsifikationismus. Eine Position und Entwicklung, die jener von Hutchison
recht ähnlich ist, findet sich bei Hans Albert (dazu seine frühere *Marktsoziologie
und Entscheidungslogik. Ökonomische Probleme in soziologischer Perspektive*, Verlag
Luchterhand, Neuwied/Berlin 1967). Zur Kritik der empirischen Position siehe
Hans-Hermann Hoppe, *Kritik der kausalwissenschaftlichen Sozialforschung. Unter-
suchungen zur Grundlegung von Soziologie und Ökonomie*, Westdeutscher Verlag,
Opladen 1983; *Is Research Based on Causal Scientific Principles Possible in the Social
Sciences?*, in: Ratio 25, Nr. 1, 1983; *In Defense of Extreme Rationalism*, Review of
Austrian Economics 3, 1988; *On Praxeology and the Praxeological Foundations of
Epistemology and Ethics*, in: Llewellyn H. Rockwell, Jr. (Hrsg.), *The Meaning of
Ludwig von Mises*, Ludwig von Mises Institute, Auburn, Alabama 1989.

sie nichts anderes sind als der Ausdruck dessen, was ohnehin jedermann weiß, wenn sie in eine Ordnung gebracht werden, in der man sie sowohl im Allgemeinen als auch in ihrer Beziehung zueinander verstehen kann." Und: „Die politische Ökonomik ... ist auf unerschütterlichen Grundlagen aufgebaut, sobald diese Grundlagen aus strengen Ableitungen unbestreitbarer Tatsachen bestehen."[6]

Nassau Senior zufolge „bestehen [ökonomische] Prämissen aus einigen allgemeinen Lehrsätzen, die das Ergebnis von Beobachtungen oder der Besinnung sind und die kaum eines Beweises oder selbst einer formalen Erklärung bedürfen, da nahezu jeder Mensch, der sie hört, zugeben muss, dass sie ihm gedanklich vertraut oder in seinem bisherigen Wissen zumindest enthalten sind; und seine Schlussfolgerungen sind dann beinahe ebenso allgemein gültig, und, wenn er sie genau durchdacht hat, auch ebenso sicher wie seine Prämissen." Ökonomen sollten sich dessen „bewusst sein, dass die Wissenschaft mehr vom Denken als von der Beobachtung abhängt, und dass ihre wesentliche Schwierigkeit nicht in der Feststellung von Fakten, sondern im Gebrauch ihrer Begriffe besteht."[7]

Und John E. Cairnes bemerkt, dass während „die Menschheit kein unmittelbares Wissen von den letzten physikalischen Prinzipien hat" ... „der Ökonom mit einem Wissen von den letzten Ursachen beginnt." ... „Der Ökonom kann demnach als jemand betrachtet werden, der bereits am Anfang seiner Forschungen im Besitz jener letzten Prinzipien ist, die all jene Phänomene, welche den Gegenstand seiner Untersuchung ausmachen, steuern, eine Entdeckung, die im Fall physikalischer Untersuchungen für den Fragesteller wohl die schwierigste Aufgabe wäre." „Vermutungen wären [in der Wissenschaft der Ökonomik]

---

6   Eigene Übersetzung aus: Jean-Baptiste Say, *Traité d'Economie politique ou Simple Exposition de la Maniére dont se forment, se distribuent et se consomment les Richesses*, Wiederabdruck: Otto Zeller, Osnabrück 1966 [1841], in: Collection des principaux Economistes, Tome 9, Ouvres de J. B. Say I, 13, 6.

7   Eigene Übersetzung aus: Nassau William Senior, *An Outline of the Science of Political Economy*, Augustus Kelley, New York 1965 [1836], 2f, 5.

offenkundig unangebracht, insofern, als wir in unserem
Bewusstsein und im Zeugnis unserer Sinne ... einen direk-
ten und einfachen Beweis für all das besitzen, was wir zu
wissen wünschen. Dementsprechend braucht es im Rahmen der politischen Ökonomik zur Entdeckung der letzten
Ursachen und Gesetze auch keine Hypothesen."[8]

Menger, Böhm-Bawerk und Wieser, die Vorgänger von
Mises, waren der gleichen Ansicht: Sie beschrieben die
Wissenschaft der Ökonomik als eine Disziplin, deren Lehrsätze – im Unterschied zu jenen der Naturwissenschaften –
als letzte Begründung gelten können, doch freilich ohne
die Terminologie zu verwenden, die Mises benutzt hat.[9]

Letztlich hielt man auch die erkenntnistheoretische Beschreibung der Ökonomik von Mises für durchaus kon-
ventionell und mit Sicherheit nicht für idiosynkratisch, wie
dies Blaug behauptet hat. Lionel Robbins' Buch *The Nature
and Significance of Economic Science*, das erstmals 1932 erschien, ist nichts anderes als eine Art abgespeckte Version
von Mises' Beschreibung der Ökonomik als Praxeologie.
Es wurde vom Berufsstand der Ökonomen respektiert und
galt nahezu 20 Jahre lang als Leitstern auf dem Gebiet der
Erkenntnistheorie.

---

8   Eigene Übersetzung aus: John E. Cairnes, *The Character and Logical
Method of Political Economy*, Augustus Kelley, New York 1965 [1875], 83, 87,
89f, 95f.

9   Siehe Carl Menger, *Untersuchungen über die Methoden der Sozialwissenschaften*, Dunker und Humblot, Leipzig 1883, sowie *Die Irrtümer des Historis-
mus in der Deutschen Nationalökonomie*, Alfred Hölder, Wien 1884; Eugen v.
Böhm-Bawerk, *Gesammelte Schriften*, herausgegeben von Franck X. Weiss, Höl-
der-Pichler-Tempsky, Wien 1924; Friedrich v. Wieser, *Theorie der gesellschaftlichen
Wirtschaft [Théorie de l'économie sociale]*, in: Karl Bücher et al., *Grundriss der Sozi-
alökonomik*, J.C.B. Mohr, Tübingen 1914, 125-444 sowie *Gesammelte Abhandlungen*, herausgegeben von Friedrich A. v. Hayek, J.C.B. Mohr (Paul Siebeck),
Tübingen 1929. Seine Vorgänger bewertet Ludwig v. Mises in *Grundprobleme
der Nationalökonomie*, mises.at, Wien 2016, Kap. 1.1.7. Der Begriff „a priori"
in Verbindung mit ökonomischen Theoremen wird auch von Frank H. Knight
benutzt; seinen erkenntnistheoretischen Schriften mangelt es jedoch an systema-
tischer Strenge. Vergleiche dazu *What Is Truth in Economics*, in: Knight, *On the
History and Method of Economics*, University of Chicago Press, Chicago 1956,
sowie *The Limitations of Scientific Method in Economics*, in: Knight, *The Ethics of
Competition*, University of Chicago Press, Chicago 1935.

In der Tat hebt Robbins in seiner Einleitung Mises als die maßgebliche Quelle seines eigenen erkenntnistheoretischen Standpunkts deutlich hervor. Mises und Richard von Strigl – dessen Position von jener von Mises im Wesentlichen nicht zu unterscheiden ist[10] – werden im Text zustimmend zitiert, und zwar öfter als irgendjemand anderes.[11]

Doch wie aufschlussreich dies alles zur Beurteilung der gegenwärtigen Situation auch sein mag, das ist bloß der historische Hintergrund. Was war die grundsätzliche Überlegung, die dazu führte, dass die klassischen Ökonomen ihre Wissenschaft für gänzlich anders als die Naturwissenschaften hielten? Und warum hat Mises diesen Unterschied noch einmal ausdrücklich als einen Unterschied zwischen einer a priori Wissenschaft und einer aposteriori Wissenschaft rekonstruiert? Es war die Erkenntnis, dass in jenen beiden Forschungsfeldern der Prozess der Validierung – jener Prozess, der dazu dient, herauszufinden, ob Lehrsätze wahr sind oder nicht – grundsätzlich verschieden ist.

Richten wir unser Augenmerk einmal kurz auf die Naturwissenschaften. Wie können wir wissen, was die Konsequenzen sein werden, wenn wir ein von Natur aus gegebenes Material speziellen Untersuchungen unterziehen, sagen wir einmal, wenn wir es mit einem anderen Material vermischen? Offensichtlich können wir vorher nicht wissen, was geschehen wird, bevor wir es tatsächlich ausprobiert haben. Wir können freilich eine Vorhersage machen. Aber eine solche Vorhersage ist hypothetisch und es sind

10   Vgl. Richard von Strigl, *Die ökonomischen Kategorien und die Organisation der Wirtschaft*, Fischer, Jena 1923.

11   Erwähnenswert ist, dass sich Robbins' erkenntnistheoretische Position, ähnlich wie jene Friedrich A. v. Hayeks, mit der Zeit zunehmend von jener von Mises entfernt hat, was vor allem auf den Einfluss Karl R. Poppers zurückzuführen ist, der ihr Kollege an der London School of Economics war. Siehe dazu Lionel Robbins, *An Autobiography of an Economist*, Macmillan, London 1976. Hayeks Ablehnung der Praxeologie von Mises wurde erst kürzlich in seiner Einleitung zu Ludwig von Mises' *Erinnerungen*, Gustav Fischer Verlag, Stuttgart 1978, erneut dargestellt. Das gänzlich negative Urteil von Mises über Popper findet sich in *Die Letztbegründung der Ökonomik*, mises.at, Wien 2016, 101f. Zur Verteidigung dieses Urteils siehe auch Hans H. Hoppe, *Kritik der kausalwissenschaftlichen Sozialforschung*, Westdeutscher Verlag, Opladen 1983, 48f.

Beobachtungen erforderlich, um herauszufinden, ob wir auf der richtigen oder auf der falschen Fährte sind.

Doch können wir, selbst wenn wir bereits irgendein definitives Ergebnis beobachtet haben, beispielsweise, dass die Vermischung zweier Materialien zu einer Explosion führt, wirklich sicher sein, dass dieses Ergebnis immer und ausnahmslos auftreten wird? Noch einmal: Die Antwort ist nein. Unsere Vorhersagen werden immer noch, und zwar für immer, hypothetisch sein. Denn es ist möglich, dass eine Explosion immer nur dann erfolgt, wenn bestimmte andere Bedingungen – A, B und C – erfüllt sind. Um herauszufinden, ob dies der Fall ist oder nicht und um welche anderen Bedingungen es sich überhaupt handelt, müssen wir sie einem endlosen Prozess von Versuch und Irrtum unterziehen. Dies hilft uns, unser Wissen über den Anwendungsbereich unserer ursprünglich hypothetischen Vorhersage zunehmend zu verbessern.

Wenden wir uns nun einigen typischen ökonomischen Lehrsätzen zu. Betrachten wir etwa den Prozess der Validierung anhand eines Lehrsatzes wie dem folgenden: Immer dann, wenn zwei Personen (A und B) sich auf einen freiwilligen Tauschakt einlassen, müssen beide erwarten, von diesem zu profitieren. Sie müssen für die zu tauschenden Güter und Dienstleistungen umgekehrte Präferenzordnungen haben, so dass A dasjenige, was er von B erhält, höher bewertet als das, was er B dafür gibt; und B muss die zu tauschenden Dinge genau umgekehrt bewerten.

Oder prüfen wir folgenden Lehrsatz: Immer dann, wenn ein Tauschakt nicht freiwillig, sondern erzwungen ist, profitiert eine Partei auf Kosten der anderen.

Oder das Gesetz des abnehmenden Grenznutzens: Immer dann, wenn der Vorrat eines Gutes um eine zusätzliche Einheit zunimmt und vorausgesetzt, dass jede Einheit den gleichen Gebrauchswert hat, muss der Wert, der dieser Einheit zugemessen wird, abnehmen. Denn diese zusätzliche Einheit kann nur als ein Mittel zur Erlangung eines Zieles zum Einsatz kommen, das als weniger nützlich erachtet wird als das am geringsten bewertete Ziel, das sich mit einer Einheit diesen Gutes befriedigen ließ, als die Versorgung noch um eine Einheit knapper war.

Oder nehmen wir Ricardos Vergesellschaftungsgesetz: Wenn von zwei Produzenten A in der Produktion von zwei Arten von Gütern produktiver ist als B, dann können sie immer noch in eine wechselseitig profitable Arbeitsteilung eintreten. Dies ist deshalb so, weil die materielle Gesamtproduktivität höher ist, wenn sich A auf die Produktion eines Gutes spezialisiert, das er kostengünstiger produzieren kann, als wenn beide, A und B, beide Güter separat und voneinander unabhängig produzieren würden.

Oder ein anderes Beispiel: Immer dann, wenn gesetzliche Mindestlöhne erzwungen werden, die höher als die existierenden Marktlöhne sind, bringt dies unfreiwillige Arbeitslosigkeit mit sich.

Oder als letztes Beispiel: Immer dann, wenn die Geldmenge erhöht wird, während die Nachfrage nach Geld, das als verfügbare Barreserve gehalten wird, unverändert bleibt, wird die Kaufkraft des Geldes sinken.

Wenn wir solche Lehrsätze betrachten: Ist der Prozess der Validierung, der nötig ist, um sie als wahr oder falsch zu begründen, der gleiche, der nötig ist, um einen Lehrsatz in den Naturwissenschaften zu begründen? Sind diese Lehrsätze ebenso hypothetisch wie solche über die Effekte, die sich aus dem Zusammenmischen zweier natürlicher Materialien ergeben? Müssen wir diese ökonomischen Lehrsätze ununterbrochen an Beobachtungen testen? Und erfordert es einen niemals endenden Prozess von Versuch und Irrtum, um die ganze Spannbreite der Anwendungen dieser Lehrsätze herauszufinden, um so nach und nach unser Wissen zu verbessern, wie wir es im Fall der Naturwissenschaften gesehen haben?

Es ist völlig offensichtlich – zumindest war es dies für die meisten Ökonomen der letzten vierzig Jahre – dass die Antwort auf diese Fragen ein klares und unmissverständliches Nein ist. Dass A und B erwarten müssen, zu profitieren, und dass sie umgekehrte Präferenzordnungen haben, folgt aus unserem Verständnis davon, was einen Tauschakt eigentlich ausmacht. Und dasselbe ist der Fall, wenn wir die Konsequenzen eines erzwungenen Tausches bedenken. Es ist unvorstellbar, dass solche Dinge einmal anders sein könnten: So war es bereits vor einer Million Jahren und so wird es auch in einer Million Jahren sein. Der Anwendungsbereich dieser Lehrsätze ist ebenso ein für alle Mal klar: Sie sind wahr, wann immer etwas ein freiwilliger Tausch oder eben ein erzwungener Tausch ist, und das ist alles, was es dazu zu sagen gibt.

Bei all den anderen angeführten Beispielen verhält es sich ebenso. Dass der Grenznutzen einer zusätzlichen Einheit bei der Versorgung mit homogenen Gütern fallen muss, folgt aus der unbestreitbaren Tatsache, dass jede handelnde Person immer das vorzieht, was sie mehr befriedigt im Unterschied zu dem, was sie weniger befriedigt. Es ist einfach absurd zu glauben, dass unentwegtes Testen erforderlich sein soll, um einen solchen Lehrsatz zu beweisen.

Ricardos Vergesellschaftungsgesetz nebst seiner ein für alle Mal gültigen Eingrenzung seines Anwendungsbereichs folgt, ebenso logisch, schon allein aus dem Vorliegen der beschriebenen Situation: Wenn sich A und B, so wie angegeben, unterscheiden und es demzufolge für die produzierten Güter eine technologische Grenzrate der Substitution gibt (eine solche Rate für A und eine für B), dann muss, wenn beide in die beschriebene Arbeitsteilung eintreten, der produzierte materielle Output größer sein, als er sonst sein würde. Jede andere Schlussfolgerung ist logisch fehlerhaft.

Das gleiche gilt auch für die Konsequenzen, die sich aus gesetzlichen Mindestlöhnen oder einem Ansteigen der Geldmenge ergeben. Die Folgen, die in der bloßen Beschreibung der Ausgangssituation bereits logisch enthalten sind, sind eine Zunahme der Arbeitslosigkeit und eine Abnahme der Kaufkraft des Geldes. Es ist in der Tat absurd, diese Vorhersagen als hypothetisch zu betrachten und zu glauben, dass ihre Gültigkeit nicht unabhängig von der Beobachtung bewiesen werden könnte, denn das heißt letztlich nichts anders, als dass man tatsächlich gesetzliche

Mindestlöhne ausprobiert oder mehr Geld druckt und zusieht, was in der Folge geschieht.

Um eine Analogie zu benutzen: Das wäre gerade so, wie wenn man den Lehrsatz von Pythagoras beweisen wollte, indem man die Seiten und Winkel von Dreiecken misst. Müsste nicht jemand, der solche Anstrengungen unternimmt, seine Handlungsweise näher erläutern? Und ist nicht der Gedanke, dass ökonomische Lehrsätze empirisch getestet werden müssen, ein Zeichen intellektueller Verwirrung?

Mises hat diesen offensichtlichen Unterschied zwischen Ökonomik und empirischen Wissenschaften nicht bloß festgestellt. Er hat uns dabei geholfen, die Natur und das Wesen dieses Unterschiedes tiefer zu verstehen und hat erklärt, wie und warum eine so einzigartige Disziplin wie die Ökonomik, die uns etwas über die Realität zu lehren versteht, ohne dass dabei Beobachtungen erforderlich sind, überhaupt möglich sein kann. Diese Leistung von Mises kann gar nicht hoch genug eingeschätzt werden.

Um seine Erklärungen besser zu verstehen, müssen wir eine Exkursion in das Gebiet der Philosophie unternehmen, oder präziser: wir müssen uns in das Gebiet der Erkenntnistheorie oder Epistemologie begeben. Insbesondere gilt es die Erkenntnistheorie von Immanuel Kant ins Auge zu fassen, die er am vollkommensten in seiner *Kritik der reinen Vernunft* dargelegt hat. Das Konzept der Praxeologie ist eindeutig von Kant beeinflusst. Das heißt aber nicht, dass Mises bloß ein gewöhnlicher und schlichter Kantianer gewesen wäre. Es ist eine Tatsache, und das werde ich später noch herausstreichen, dass Mises die Kantsche Erkenntnistheorie über Kant hinaus weiterentwickelt hat. Mises hat die Kantsche Philosophie auf eine Art und Weise verfeinert, die bis auf den heutigen Tag von orthodoxen Kantianern völlig ignoriert wird. Die zentralen konzeptionellen und terminologischen Unterscheidungen jedoch hat Mises sehr wohl von Kant übernommen, so wie auch einige seiner grundlegenden Einsichten in die

Natur des menschlichen Wissens. Deswegen müssen wir uns Kant zuwenden.

Kant hat im Zuge seiner Kritik am klassischen Empirismus, speziell an jenem von David Hume, die Vorstellung entwickelt, dass alle unsere Aussagen in zweifacher Weise klassifiziert werden können: Sie können einerseits analytisch oder synthetisch sein, andererseits a priori oder a posteriori. Die Bedeutung dieser Unterscheidungen ist in aller Kürze die folgende: Aussagen sind dann analytisch, wenn das Mittel der formalen Logik ausreichend dafür ist, herauszufinden, ob sie wahr sind oder nicht; anderenfalls handelt es sich um synthetische Aussagen. Und Aussagen sind immer dann a posteriori, wenn Beobachtungen erforderlich sind, um ihre Wahrheit zu begründen oder zumindest zu bekräftigen. Wenn Beobachtungen nicht erforderlich sind, sind diese Aussagen a priori.

Das typische Kennzeichen der Kantschen Erkenntnistheorie ist die Behauptung, dass es wahre synthetische Aussagen a priori gibt – und weil Mises sich dieser Behauptung anschließt, kann er zu Recht als Kantianer bezeichnet werden. Synthetische Aussagen a priori sind solche, deren Wahrheitswert sicher und einwandfrei festgestellt werden kann, obwohl die Mittel der formalen Logik dazu nicht ausreichen (sehr wohl aber notwendig sind) und obwohl Beobachtungen gleichfalls nicht erforderlich sind.

Folgt man Kant, so liefert die Mathematik wie die Logik ausreichend Beispiele für solche wahren synthetischen Sätze a priori. Kant glaubte auch, dass das fundamentale Gesetz der Kausalität – die Aussage, dass es zeitlich unveränderliche Handlungsgründe gibt und jedes Ereignis in ein Netzwerk solcher Gründe eingebettet ist – eine solche wahre synthetische Aussage a priori ist.

Es ist hier nicht der Ort, um wirklich ins Detail zu gehen und näher zu erläutern, wie Kant seine Sichtweise gerechtfertigt hat.[12] Ein paar Bemerkungen und Hinweise müssen

12   Eine brillante Interpretation und Rechtfertigung der aprioristischen Erkenntnistheorie von Kant findet sich in Friedrich Kambartel, *Erfahrung und Struktur. Bausteine einer Kritik des Empirismus und Formalismus*, Suhrkamp, Frankfurt am Main 1968, speziell in Kapitel 3; dazu auch Hans-Hermann Hoppe, *Handeln und Erkennen. Zur Kritik des Empirismus am Beispiel der Philosophie David Humes*, Herbert Lang, Bern 1976.

genügen. Als erstes stellt sich die Frage: Wie kann die Wahrheit solcher Aussagen festgestellt werden, wenn die formale Logik dafür nicht ausreicht und Beobachtungen gegenstandslos und überflüssig sind? Kants Antwort ist, dass sich die Wahrheit aus selbst-evidenten (unmittelbar einleuchtenden) Axiomen ergibt.

Was macht diese Axiome selbst-evident? Kant antwortet, dass sie nicht in einem psychologischen Sinne evident oder offensichtlich sind, so dass wir uns ihrer unverzüglich und sogleich bewusst werden könnten. Ganz im Gegenteil: Kant besteht darauf, dass es für gewöhnlich weitaus mühsamer ist, solche Axiome zu entdecken als so manche empirische Wahrheit, wie etwa, dass die Blätter der Bäume grün sind. Selbst-evident, so Kant, sind diese Axiome deshalb, weil man ihre Wahrheit nicht abstreiten kann, ohne sich selbst zu widersprechen. Das bedeutet, dass man bei dem Versuch, sie abzustreiten, implizit ihre Wahrheit eingesteht.

Wie finden wir solche Axiome? Indem wir über uns selbst nachdenken, schreibt Kant, indem wir uns selbst als Gegenstand der Forschung betrachten. Dass die Wahrheit synthetischer Sätze a priori letztlich auf innerer, auf dem Weg der Reflexion entstandener Erfahrung beruht, erklärt dann auch, warum sie gegebenenfalls den Status notwendig wahrer Sätze erreichen können. Beobachtende Erfahrung kann die Dinge nur so erkennen, wie sie gerade sind; nichts in diesen Dingen verrät uns, warum sie so sein müssen, wie sie sind. Unsere Vernunft hingegen, schreibt Kant, kann das inhärent notwendige Wesen der Dinge erkennen, weil „die Vernunft nur das einsieht, was sie selbst nach ihrem Entwurfe hervorbringt."[13]

In all dem folgt Mises Kant. Wie eingangs erwähnt, fügt Mises jedoch noch eine äußerst wichtige Einsicht hinzu, von der Kant selbst nur eine vage Vorstellung hatte. Ein allgemein verbreiteter Streit unter Kantianern war ja die Frage, ob seine Philosophie nicht den Anschein erweckte,

---

13   Immanuel Kant, *Kritik der reinen Vernunft, Vorrede zur zweiten Auflage,* in: Immanuel Kant, *Werke in sechs Bänden,* Bd. 2, herausgegeben von Wilhelm Weischedel, Insel-Verlag, Wiesbaden 1956, 23.

als ob sie auf eine Art von Idealismus hinausliefe. Denn
wenn – gemäß Kant – wahre synthetische Sätze a priori
Aussagen darüber sind, wie unser Verstand arbeitet und
notwendigerweise arbeiten muss, wie kann dann erklärt
werden, dass solche verstandesmäßigen Kategorien der
Realität auch angemessen sind? Wie lässt sich etwa erklären, dass die Realität mit dem Gesetz der Kausalität
übereinstimmt, wenn letzteres als ein Gesetz zu verstehen
ist, das mit den Operationen unseres Verstandes übereinstimmen muss? Müssen wir nicht die absurde idealistische
Behauptung aufstellen, dass dies nur deshalb möglich ist,
weil die Realität von unserem Verstand eigentlich erst er-
schaffen wird? Nicht, dass man mich hier falsch versteht:
Ich glaube nicht, dass eine derartige Anklage gegen den
Kantianismus gerechtfertigt ist[14], obwohl zweifellos Kant
selbst in manchen seiner Formulierungen dieser Anschul-
digung einige Glaubhaftigkeit gegeben hat.

Fassen wir zum Beispiel folgende programmatische
Aussage von Kant ins Auge: „Bisher nahm man an, alle
unsere Erkenntnis müsse sich nach den Gegenständen
richten; aber alle Versuche, über sie a priori etwas durch
Begriffe auszumachen, wodurch unsere Erkenntnis erwei-
tert würde, gingen unter dieser Voraussetzung zu nichte.
Man versuche es daher einmal, ob wir nicht in den Auf-
gaben der Metaphysik damit besser fortkommen, daß wir
annehmen, die Gegenstände müssen sich nach unserer
Erkenntnis richten, welches so schon besser mit der ver-
langten Möglichkeit einer Erkenntnis derselben a priori

---

14   Siehe dazu insbesondere Friedrich Kambartel, *Erfahrung und Struktur*.
Ebenso lehrreich ist die Kant-Interpretation des Biologen und Verhaltensforschers
Konrad Lorenz, *Vom Weltbild des Verhaltensforschers*, Deutscher Taschenbuch Verlag, München 1968, und *Die Rückseite des Spiegels. Versuch einer Naturgeschichte
menschlichen Erkennens*, Piper, München 1973. Bei einigen Anhängern der Österreichischen Schule ist die Kant-Interpretation von Ayn Rand sehr beliebt; siehe
dazu ihre *Introduction to Objectivist Epistemology*, New American Library, New
York 1979 sowie *Für den neuen Intellektuellen*, mises.at, Wien 2016. Rands Interpretation, die voll von pauschalen und denunziatorischen Äußerungen ist, zeichnet sich durch die völlige Abwesenheit jeglichen Quellenmaterials aus. Zu Rands
arroganter Ignoranz Kant gegenüber siehe Bruce Goldberg, „Ayn Rand's ‚For the
New Intellectual'", *New Individualist Review* 1, Nr. 3 (November 1961), 17-24.

zusammenstimmt, die über Gegenstände, ehe sie uns gegeben werden, etwas festsetzen soll."[15]

Mises lieferte die Lösung für dieses Problem. Es ist wahr,
wie Kant sagt, dass wahre synthetische Sätze a priori auf
selbst-evidenten Axiomen begründet sind und dass diese
Axiome viel eher als Reflexionen über uns selbst verstanden werden müssen, als dass sie in irgend einer bedeut-
samen Weise als „beobachtbar" gelten könnten. Doch wir
müssen einen Schritt weiter gehen. Wir müssen verstehen,
dass derart notwendige Wahrheiten nicht bloß Kategorien
unseres Verstandes sind, sondern unser Verstand sich in
einer handelnden Person befindet. Wir müssen die Kategorien unseres Verstandes letztlich als etwas auffassen,
das in den Kategorien unseres Handelns begründet ist.
Sobald dies zugegeben wird, sind alle idealistischen Vorstellungen sogleich verschwunden. Stattdessen wird eine
Erkenntnistheorie, welche die Existenz von wahren synthetischen Sätzen a priori behauptet, zu einer realistischen
Erkenntnistheorie. Ist einmal klar, dass jene Sätze letztlich
in den Kategorien unseres Handelns begründet sind, so ist
die Kluft zwischen dem Geistigen und der realen, äußeren,
physischen Welt überbrückt. Als Kategorien des Handelns
müssen sie ebenso geistig wie auch für die Realität charakteristisch sein. Handlungen sind der Grund dafür, dass
Verstand und Realität miteinander in Verbindung stehen.

Kant hat diese Lösung angedeutet. So dachte er etwa,
dass die Mathematik in unserer Kenntnis des Sinns und
der Bedeutung von Wiederholungen, von sich wiederholenden Operationen begründet sein muss. Und ebenso
wurde ihm, wenn auch nur vage, klar, dass das Gesetz der
Kausalität unser Verständnis von dem, was es ist, bereits
voraussetzt und bedeutet, dass wir handeln.[16]

---

15   Immanuel Kant, *Kritik der reinen Vernunft, Vorrede zur zweiten Auflage*,
25.

16   Zu Kants Interpretationen der Mathematik siehe Hugo Dingler, *Philosophie der Logik und Arithmetik*, Reinhardt, München 1931; Paul Lorenzen, *Einführung in die operative Logik und Mathematik*, Springer, Frankfurt am Main 1970;
Ludwig Wittgenstein, *Remarks on the Foundations of Mathematics*, M.I.T. Press,
Cambridge, Mass. 1978; ebenso Kambartel, *Erfahrung und Struktur*, 118-122.

Doch erst Mises hebt diese Einsicht in den Vorder-
grund. Kausalität, so wurde ihm klar, ist eine Kategorie
des Handelns. Handeln bedeutet, zu einem früheren
Zeitpunkt einzugreifen, um zu einem späteren Zeitpunkt
Resultate zu erzielen, und deshalb muss jeder Handelnde
die Existenz konstanter Handlungsursachen voraussetzen.
Kausalität, so wie Mises sie versteht, ist die Voraussetzung allen Handelns.

Mises ist nicht, so wie Kant, an der Erkenntnistheorie an
sich interessiert. Doch er findet, indem er das Handeln als
eine Brücke zwischen unserem Verstand und der Außenwelt bestimmt, eine Lösung für das Kant'sche Problem,
wie und auf welche Weise wahre synthetische Sätze a priori
möglich sein können. Neben seinen Überlegungen zum
Gesetz der Kausalität hat Mises auch noch überaus wertvolle Einsichten zur Letztbegründung anderer zentraler
erkenntnistheoretischer Lehrsätze beigesteuert, wie etwa
zum Satz vom Widerspruch, einem Eckpfeiler der Logik.
Dadurch hat er der künftigen philosophischen Forschung
einen Weg eröffnet, der, meines Wissens nach, noch kaum
begangen wurde. Doch das Fachgebiet von Mises ist die
Ökonomik, und deshalb kann ich mich dem Problem, das
Kausalitätsgesetz als eine a priori wahre Aussage im Detail
zu erläutern, hier nicht näher widmen.[17]

Mises hat nicht nur begriffen, dass die Erkenntnistheorie
indirekt auf unserem reflexiven Wissen über unser Handeln beruht und deshalb a priori wahre Aussagen über
die Realität für sich beanspruchen kann, sondern dass die
Ökonomik diesen Anspruch auch für sich erheben kann,
noch dazu in einer viel direkteren Art und Weise. Ökonomische Lehrsätze fließen direkt aus unserem reflexiv
gewonnenen Wissen über das Handeln. Der Rang dieser

Eine ungewöhnlich sorgfältige und umsichtige Interpretation der Philosophie
von Kant aus der Sichtweise der modernen Physik findet sich in Peter Mittel-
staedt, *Philosophische Probleme der modernen Physik*, Bibliographisches Institut,
Mannheim 1967.

17   Für weiterreichende und tiefergreifende Überlegungen siehe Hoppe,
„In Defense of Extreme Rationalism," *Review of Austrian Economics* 3, 1988.

Lehrsätze, als a priori wahre Aussagen über die Realität, leitet sich von dem Verständnis dessen ab, was Mises „das Axiom des Handelns" nennt.

Dieses Axiom, nämlich die Behauptung, dass Menschen handeln, erfüllt präzise all jene Anforderungen, die an einen wahren, synthetischen Lehrsatz a priori zu stellen sind. Es kann nicht abgeleugnet werden, dass dieser Lehrsatz wahr ist, weil das Leugnen selbst als ein Handeln bestimmt werden muss, so dass sich die Wahrheit dieser Aussage im wahrsten Sinn des Wortes nicht mehr ungeschehen machen lässt. Er ist auch nicht von Beobachtungen abgeleitet – beobachten lassen sich nur körperliche Bewegungen, nicht aber Handlungen – sondern hat seine Ursache im reflektierenden Verstand.

Als etwas, das vielmehr verstanden als beobachtet werden muss, ist es dennoch ein Wissen über die Realität. Dies ist deshalb so, weil die begrifflichen Unterscheidungen, die in dieses Verständnis involviert sind, nichts weniger als jene Kategorien sind, die in der Wechselbeziehung des Verstandes mit der materiellen Welt tätig werden, und zwar mithilfe des eigenen physischen Körpers. Das Axiom des Handelns mit all seinen Implikationen ist sicherlich nicht selbst-evident in einem psychologischen Sinn, obwohl es, wenn einmal explizit gemacht, als eine unbestreitbare, wahre Aussage über etwas Reales und Existierendes verstanden werden kann.[18]

Es ist zweifellos weder psychologisch evident noch beobachtbar, dass ein Handelnder mit jeder Handlung ein Ziel verfolgt. Ebenso ist weder evident noch beobachtbar, dass allein der Umstand, dass dieses Ziel von einem Handelnden verfolgt wird (gleichgültig um welches Ziel es sich auch handeln mag), erkennen lässt, dass er einen relativ höheren Wert darauf legt als auf jedes andere Handlungsziel, das er sich zu Beginn seiner Handlung ausdenken konnte.

Es ist weder evident noch beobachtbar, dass ein Handelnder, um sein am höchsten bewertetes Ziel zu erreichen,

---

18   Dazu und zum Folgenden siehe Mises, *Nationalökonomie*, ebd. speziell 1. Teil, Kapitel 3 u. 4.

zu einem früheren Zeitpunkt eingreifen muss, um zu einem späteren Zeitpunkt Resultate zu erzielen. Er kann freilich auch entscheiden, nicht einzugreifen, was aber ebenso als Eingriff gewertet werden muss. Weder evident noch beobachtbar ist zudem, dass solche Eingriffe immer und ausnahmslos die Verwendung knapper Mittel voraussetzen (zumindest den Körper des Handelnden, den Platz, auf dem er steht, und die Zeit, die sein Eingreifen beansprucht).

Es ist weder selbst-evident noch kann beobachtet werden, dass diese Mittel für den Handelnden auch einen Wert darstellen – einen Wert, der von dem des Ziels abgeleitet ist – und dass der Handelnde die Verwendung dieser Mittel als wichtig betrachten muss, um sein Ziel tatsächlich zu erreichen; ebenso, dass Handlungen nur nacheinander ausgeführt werden können und immer eine Entscheidung oder Wahl erfordern. Das bedeutet, dass ein Handlungsziel, das zu einem gegebenen Zeitpunkt das am höchsten bewertete Resultat für den Handelnden verspricht, aufgegriffen und gleichzeitig das Streben nach anderen, weniger hoch bewerteten Zielen, hintangestellt wird.

Es ist nicht automatisch klar oder beobachtbar, dass jede Handlung – als eine Folge dieses Wählen-Müssens und dieser Bevorzugung von Zielen unter Hintanstellung von anderen – ein Auf-Sich-Nehmen von Kosten bedeutet. So muss etwa, da man nicht alle Ziele gleichzeitig erreichen kann, der Wert, der dem am höchsten bewerteten alternativen Ziel (das nicht realisiert werden kann) zugemessen wird, aufgegeben oder dessen Verwirklichung aufgeschoben werden, weil die Mittel, die notwendig sind, um dieses Ziel zu erreichen, in der Förderung eines anderen, noch höher bewerteten Ziels gebunden sind.

Und schließlich ist es nicht einfach evident oder beobachtbar, dass ein Handelnder jedes Ziel am Ausgangspunkt seiner Handlung für wertvoller als die zu tragenden Kosten erachtet und für geeignet hält, einen Gewinn zu erzielen, dessen Wert höher gereiht wird als jener der aufgegebenen Möglichkeiten. Und ebenso, dass jede Handlung stets von der Möglichkeit eines Verlustes bedroht ist, wenn, rückblickend betrachtet, der Handelnde zur Einsicht kommt, dass das Ergebnis, das tatsächlich erreicht wurde – im Gegensatz zu früheren Annahmen – für ihn einen geringeren Wert als die aufgegebenen Alternativen hat.

All diese Kategorien – Werte, Ziele, Mittel, Wahl, Bevorzugung, Kosten, Gewinn und Verlust – sind im Axiom des Handelns enthalten. Doch dass jemand imstande ist, Beobachtungen im Rahmen dieser Kategorien richtig zu deuten, setzt voraus, dass er bereits weiß, was es heißt, zu handeln. Niemand außer ein Handelnder könnte diese Kategorien verstehen. Denn sie sind nicht „gegeben" oder beobachtbar, sondern die beobachtende Erfahrung ist von diesen Begriffen, während sie von einem Handelnden ausgelegt werden, gänzlich eingenommen. Die auf dem Weg der Überlegung stattfindende Rekonstruktion dieser Begriffe ist auch keine einfache, psychologisch selbst-evidente, intellektuelle Aufgabe, wie man an der langen Reihe von gescheiterten Versuchen, die Natur des Handelns zu verstehen, deutlich sehen kann.

Es waren akribische intellektuelle Anstrengungen vonnöten, um erstmals klar zu erkennen, was später dann jeder, der sich in die Zusammenhänge vertieft hat, sogleich als wahr – als wahre synthetische Aussagen a priori – erkennen kann, das heißt als Lehrsätze, die unabhängig von Beobachtungen verifiziert und demnach auch nicht durch irgendwelche Beobachtungen falsifiziert werden können. Der Versuch, das Axiom des Handelns zu widerlegen, wäre selbst wieder eine Handlung, die auf ein Ziel gerichtet ist, Mittel erfordert, andere Richtungen des Handelns ausschließt, Kosten verursacht, dem Handelnden die Möglichkeit gibt, sein gewünschtes Ziel zu erreichen oder nicht zu erreichen und so zu einem Gewinn oder Verlust führt. Der bloße Besitz solchen Wissens, die Gültigkeit dieser Konzepte kann demnach niemals durch irgendeine zufällige Erfahrung bestritten oder falsifiziert werden, denn, solche Einsichten abzustreiten oder zu falsifizieren, würde ihre Existenz bereits zur Voraussetzung haben. Es ist eine

Tatsache, dass eine Situation, in der diese Kategorien des Handelns aufhören würden zu existieren, niemals beobachtet werden kann, denn, eine Beobachtung zu machen, ist ebenso eine Handlung.

Die großartige Einsicht von Mises war, dass das ökonomische Denken in genau diesem Verständnis des Handelns seine Grundlage hat und dass sich der Status der Ökonomik, als eine Art angewandte Logik, vom Status des Handlungsaxioms, eines wahren, synthetischen Lehrsatzes a priori, ableitet. Die Marktgesetze, das Gesetz des abnehmenden Grenznutzens, Ricardos Vergesellschaftungsgesetz, die notwendigen Folgen der Preisregulierung und die Quantitätstheorie des Geldes – all die Beispiele für ökonomische Lehrsätze, die ich erwähnt habe – können aus diesem Axiom logisch abgeleitet werden. Und das ist auch der Grund dafür, warum es einem lächerlich vorkommen muss, wenn jemand behauptet, dass diese Lehrsätze vom gleichen erkenntnistheoretischen Typus seien wie jene in den Naturwissenschaften. So etwas anzunehmen und dementsprechend ihre Überprüfung zur Bestätigung ihrer Gültigkeit einzufordern, wäre geradeso absurd wie der Glaube, dass man die Tatsache, dass ein Mensch handelt, erst durch einen ergebnisoffenen Untersuchungsprozess bestätigen müsste.

Die Praxeologie behauptet, dass ökonomische Lehrsätze, die einen Anspruch auf Wahrheit haben, stets solche sind, von denen auch bewiesen werden kann, dass sie mithilfe der formalen Logik abgeleitet werden können, und zwar aus dem unanfechtbar wahren, wesentlichen Wissen um die Bedeutung des Handelns.

Im Speziellen setzt sich das ökonomische Denken aus Folgendem zusammen:

(1) dem Verständnis der Kategorien des Handelns und der Bedeutung von Veränderungen, die bei Werten, Präferenzen, beim Wissensstand, bei den Mitteln, den Kosten etc. auftreten;

(2) der Beschreibung einer Welt, in der die Kategorien des Handelns konkrete Bedeutung annehmen, in der bestimmte Menschen als Handelnde bezeichnet werden, die über bestimmte Gegenstände verfügen, die als die Mittel ihres Handelns festgelegt sind, mit bestimmten Zielen, die als Werte bezeichnet werden und bestimmten Dingen, die als Kosten aufgeführt sind. Dies könnte etwa die Beschreibung einer „Robinson Crusoe"-Welt sein oder einer Welt mit mehr als einem Handelnden, in der zwischenmenschliche Beziehungen möglich sind; einer Welt des traditionellen Tauschhandels oder einer Welt, in der Geld als übliches Tauschmittel verwendet wird; einer Welt, in der es lediglich Grundbesitz, Arbeit und Zeit als Produktionsfaktoren gibt oder einer Welt mit Kapitalgütern; einer Welt mit perfekt teilbaren oder unteilbaren, spezifischen oder unspezifischen Produktionsfaktoren oder einer Welt mit unterschiedlichen sozialen Institutionen, die bestimmte Handlungen als Aggressionen betrachten und mit körperlichen Strafen drohen etc.;

(3) einer logischen Ableitung der Konsequenzen, die sich aus der Durchführung einer näher beschriebenen Handlung innerhalb dieser Welt ergeben oder der Konsequenzen, die sich für einen bestimmten Handelnden ergeben, wenn die Situation in einer genau angegebenen Art und Weise verändert wird.

Sofern sich im Verlauf der Deduktion kein Fehler eingeschlichen hat, sind die Schlussfolgerungen, die sich aus derartigen Argumentationen ergeben, a priori gültig, weil deren Gültigkeit letztlich auf nichts anderem als dem unleugbaren Handlungsaxiom beruht. Wenn die Situation und die Veränderungen, die eingeführt werden, fiktional oder bloß angenommen sind (so wie im Fall einer „Robinson Crusoe"-Welt oder einer Welt mit nur unteilbaren oder ausschließlich spezifischen Produktionsfaktoren), dann sind die Schlussfolgerungen selbstverständlich nur in einer

solchen „möglichen Welt" a priori wahr. Wenn andererseits
aber Situationen und Veränderungen von einem tatsächlich Handelnden tatsächlich erkannt, wahrgenommen und
begrifflich gefasst werden, dann sind diese Schlussfolgerungen a priori wahre Aussagen über die Welt, so wie sie
wirklich ist.[19]

So verhält es sich mit der Ökonomik, wenn man sie als
Praxeologie versteht. Und das ist auch der größte Unterschied zwischen den Vertretern der Österreichischen Schule und ihren Berufskollegen: dass die Behauptungen der
letzteren eben nicht aus dem Handlungsaxiom abgeleitet
werden können oder sogar in einem eindeutigen Widerspruch zu Aussagen stehen, die aus dem Handlungsaxiom
abgeleitet werden können.

Selbst wenn über die Identifikation der Fakten und die
Bewertung bestimmter Ereignisse, die als Ursachen und
Wirkungen zusammenhängen, Einigkeit herrscht, so ist
dieses Einverständnis bloß oberflächlich. Denn solche
Ökonomen nehmen irrtümlicherweise an, dass ihre Aussagen gut überprüfte empirische Aussagen sind, während es
sich in Wirklichkeit um wahre Aussagen a priori handelt.

---

19   Siehe dazu auch Hans-Hermann Hoppe, *Kritik der kausalwissenschaftlichen Sozialforschung*, ebd. Kapitel 3.

II

Nicht-praxeologische Denkschulen glauben irrtümlicherweise, dass Beziehungen zwischen bestimmten Ereignissen bewährte empirische Gesetze darstellen, während sie in Wirklichkeit notwendige und logische praxeologische Gesetze sind. Dadurch verhalten sich diese Schulen geradewegs so, als ob die Aussage „Ein Ball kann nicht gleichzeitig rot und nicht-rot sein" in Europa, Amerika, Afrika, Asien und Australien überprüft werden müsste (was natürlich eine Unmenge an finanziellen Mitteln erfordert, um derart gewagte und unsinnige Forschung zu bezahlen). Darüber hinaus glauben Nicht-Praxeologen ebenso, dass Beziehungen zwischen bestimmten Ereignissen bewährte empirische Gesetze sind (die voraussagende Schlussfolgerungen zulassen), während das Denken a priori ihrer Meinung nach bloß zu Aussagen über zufällige historische Zusammenhänge zwischen bestimmten Ereignissen führt, die uns keinerlei Wissen über den zukünftigen Verlauf dieser Ereignisse zur Verfügung stellen.

Dies verdeutlicht eine weitere grundlegende Verwirrung, die für nicht-praxeologische Denkschulen typisch ist: nämlich über den grundsätzlichen Unterschied zwischen Theorie und Geschichte sowie die Konsequenzen, die dieser Unterschied für soziale und ökonomische Prognosen hat.

Ich beginne hier wiederum mit einer Beschreibung des Empirismus, einer Philosophie, die der Ansicht ist, dass die Ökonomik – wie die Sozialwissenschaften insgesamt – derselben Forschungslogik folgt wie etwa die Physik. Ich werde erklären, wie es zu dieser Entwicklung gekommen ist. Dem Empirismus zufolge, dem in der Ökonomik heute am weitesten verbreiteten Standpunkt, besteht kein grundsätzlicher Unterschied zwischen theoretischer und historischer Forschung. Ich werde außerdem erklären, was dies für Prognosen in den Sozialwissenschaften bedeutet. Die gänzlich andere Sichtweise der Österreichischen Schule

wird dann in der Folge aus der Kritik und der Zurückwei-
sung der empiristischen Haltung entwickelt.

Der Empirismus zeichnet sich dadurch aus, dass er zwei
einfache und eng miteinander verbundene Lehrsätze aner-
kennt.[20] Der erste und zentrale ist: Wissen über die Realität, welches als empirisches Wissen bezeichnet wird, muss
durch beobachtende Erfahrung verifizierbar oder zumindest falsifizierbar sein. Beobachtende Erfahrung kann nur
zu möglichem Wissen (im Unterschied zum notwendigem
Wissen) führen, weil dieses Wissen immer von solcher Art
ist, dass es, rein prinzipiell, auch anders hätte sein können,
als es derzeit ist. Das heißt, dass niemand unabhängig von
der Erfahrung wissen kann – also noch bevor er irgendwelche eigenen Erfahrungen gemacht hat – ob die Konsequenzen irgendeines realen Ereignisses in diese oder jene
Richtung gehen werden. Wenn andererseits Wissen durch
beobachtende Erfahrung weder verifizierbar noch falsifizierbar ist, dann kann es kein Wissen über irgendetwas
Reales sein. Dann ist es bloß ein Wissen über Worte, über
den Gebrauch von Begriffen, über Zeichen und die Transformationsregeln von Zeichen, das heißt analytisches, aber
kein empirisches Wissen. Gemäß dieser Ansicht ist es
höchst zweifelhaft, ob analytisches Wissen überhaupt als
Wissen bezeichnet werden kann.

Die zweite Annahme des Empirismus ist eine Auswei-
tung der ersten Annahme und deren Anwendung auf
Probleme der Kausalität, der kausalen Erklärung und
Vorhersage. Dem Empirismus zufolge kommt eine kausale

---

20   Für die verschiedenen maßgeblichen Darstellungen des Empirismus,
die sich in ihrem Widerspruch gegen jede Art des Apriorismus einig sind, siehe
Rudolf Carnap, *Der logische Aufbau der Welt*, Felix Meiner, Hamburg 1966
(1928); ders., *Testability and Meaning*, Yale University Press, New Haven 1950
(1936); Alfred J. Ayer, *Logic, Truth, and Language*, Dover, New York 1952; Karl
R. Popper, *Logic of Scientific Discovery*, Harper and Row, New York 1959; ders.,
Conjectures and Refutations, Routledge and Kegan Paul, London 1969; Carl G.
Hempel, *Aspects of Scientific Explanation*, Free Press, New York 1970. Für Darstel-
lungen, die sich darüber hinaus auch auf die Ökonomik beziehen, siehe im Spe-
ziellen Ernest Nagel, *The Structure of Science*, Harcourt, Brace and World, New
York 1961, sowie Felix Kaufmann, *Methodology of the Social Sciences*, Humanities
Press, Atlantic Highlands, New York 1944.

Erklärung oder die Vorhersage eines realen Phänomens der Formulierung einer Aussage gleich, die entweder die Form „wenn A, dann B" hat, oder, falls die Variablen quantitative Messungen erlauben, die Form „wenn ein Anwachsen (oder Schwinden) bei A, dann ein Anwachsen (oder Schwinden) bei B."

Bezieht sich eine Aussage auf die Realität (sind A und B reale Phänomene), so kann ihre Gültigkeit niemals mit Sicherheit festgestellt werden, auch nicht durch die Untersuchung des Lehrsatzes alleine oder mit Hilfe irgend eines anderen Lehrsatzes, von dem der in Frage kommende Lehrsatz logisch abgeleitet werden könnte. Die Aussage wird immer hypothetisch sein und auch hypothetisch bleiben, denn sie hängt von den Ergebnissen zukünftiger beobachtender Erfahrung ab, die im Vorraus nicht bekannt sein kann. Sollte eine Erfahrung eine hypothetische kausale Erklärung bestätigen, so würde dies nicht beweisen, dass die Hypothese wahr gewesen ist. Sollte jemand einen Fall beobachten, bei dem B tatsächlich wie vorhergesagt A folgt, so verifiziert dies gar nichts. A und B sind allgemeine abstrakte Begriffe oder, in philosophischer Terminologie ausgedrückt, Universalien, die sich bloß auf Erscheinungen und Vorgänge beziehen, für die es im Prinzip eine unendliche Anzahl von Beispielen gibt oder geben könnte. Spätere Erfahrungen können diese Aussagen jedoch möglicherweise falsifizieren.

Wenn eine Erfahrung eine Hypothese falsifiziert, so ist dies aber ebenso nicht entscheidend. Denn wenn etwa beobachtet wurde, dass B nicht auf A folgt, so wäre es nach wie vor möglich, dass die hypothetisch verbundenen Phänomene kausal miteinander verbunden sind. Denn es könnte sein, dass irgendwelche anderen Umstände oder Variablen, die bisher nicht beachtet und nicht kontrolliert wurden, lediglich verhindert haben, dass der vermutete Zusammenhang beobachtet werden konnte. Allenfalls beweist die Falsifikation, dass diese spezielle Hypothese, als sie aufgestellt wurde, gemäß den Ermittlungen nicht vollkommen korrekt war. Es bedarf noch einiger Verfeinerung

und der Festlegung von zusätzlichen Variablen, nach denen
gesucht werden muss und die kontrolliert werden müssen,
so dass wir den vermuteten Zusammenhang zwischen *A*
und *B* möglicherweise doch noch beobachten können. Jedoch würde eine Falsifikation selbstverständlich niemals
ein und für allemal beweisen, dass ein Zusammenhang
zwischen gegebenen Phänomenen nicht existiert, genauso
wie eine Bestätigung niemals endgültig beweisen würde,
dass ein Zusammenhang existiert.[21]

Wenn wir diesen Standpunkt prüfen, so werden wir
erneut bemerken, dass er die Ablehnung eines Wissens a
priori beinhaltet. Dem Empirismus zufolge können Lehrsätze, die den Anspruch erheben, a priori zu sein, nicht
mehr bedeuten, als Zeichen auf einem Stück Papier, die
durch Definition oder zufällige Festlegung aufeinander
Bezug nehmen und demnach völlig nichtig sind: Sie stehen in keinerlei Beziehung zur Welt der realen Dinge. Ein
solches Zeichensystem wird nur dann zu einer empirisch
sinnvollen Theorie, wenn seine Symbole empirisch interpretiert werden. Sobald die Symbole aber derart interpretiert werden, ist die Theorie nicht mehr länger a priori
wahr, sondern wird und bleibt für immer hypothetisch.

Außerdem können wir, dem Empirismus zufolge, niemals mit Sicherheit wissen, ob etwas die mögliche Ursache
für etwas anderes ist. Das heißt, wenn wir irgendein Phänomen erklären wollen, so hängen unsere Vermutungen
über mögliche Gründe in keinerlei Weise von Überlegungen a priori ab. Denn alles kann irgendeinen Einfluss auf
irgendetwas anderes haben, und wir müssen durch Erfahrung erst herausfinden, ob dies so ist oder nicht. Dann aber
wird uns auch die Erfahrung niemals zu einer endgültigen
Antwort führen.

Der nächste Punkt bringt uns zur zentralen Thema-
tik dieses Kapitels: dem Verhältnis zwischen Geschichte
und Theorie. Wir haben bereits festgestellt, dass es, dem

---

21   Für die relativistischen und – auf der Ebene der Politik – interventionis-
tischen Auswirkungen des Empirismus siehe Hans-Hermann Hoppe, „The Intellectual Cover for Socialism," in: *The Free Market*, Februar 1988.

Empirismus zufolge, keinen prinzipiellen Unterschied zwischen historischen und theoretischen Erklärungen gibt. Um ein Phänomen zu erklären, nehmen wir irgendein anderes Phänomen als seine Ursache an und sehen nach, ob die vermutete Ursache der Wirkung in der Tat zeitlich vorangegangen ist. Zwischen einer historischen und einer theoretischen Erklärung besteht nur insofern ein Unterschied, als sich eine historische Erklärung auf Ereignisse bezieht, die bereits stattgefunden haben und in der Vergangenheit liegen, wohingegen eine theoretische Erklärung eine Erklärung – oder vielmehr eine Vorhersage – eines Effektes sein würde, der bislang noch nicht aufgetreten ist. Strukturell betrachtet besteht – dem Empirismus zufolge – zwischen historischen Erklärungen und theoretischen Vorhersagen jedoch kein Unterschied. Doch es gibt einen pragmatischen Unterschied, der erklärt, warum insbesondere Empiristen die Wichtigkeit der Vorhersagekraft einer Theorie betonen und warum sie sich nicht damit begnügen, sie bloß im Vergleich zu historischen Daten zu testen.[22] Der Grund dafür liegt für jeden, der sich an dem närrischen Spiel der Datenanalysen schon einmal beteiligt hat, auf der Hand. Wenn sich das Phänomen, das erklärt werden soll, bereits ereignet hat, so ist es kinderleicht, jede Menge von Ereignissen zu entdecken, die zeitlich vorangegangen sind und als mögliche Ursachen erachtet werden können. Wenn wir unsere Liste an möglichen Ursachen durch das Auffinden von weiteren vorhergehenden Variablen zudem nicht verlängern wollen, dann können wir Folgendes tun (und im Zeitalter der Computer ist es noch viel einfacher): Wir können irgendeine der vorhergehenden Variablen heranziehen und unterschiedliche funktionale Zusammenhänge zwischen ihr und der zu erklärenden Variable prüfen – lineare oder kurvenförmige, rekursive oder nicht-rekursive Funktionen, additive oder multiplikatori-

---

22   Für die große Bedeutung, die Empiristen und Positivisten der Vorhersage zumessen, siehe insbesondere Milton Friedman, „The Methodology of Positive Economics," in: Friedman, *Essays in Positive Economics*, University of Chicago Press, Chicago 1953.

sche Relationen etc. Und dann – eins, zwei, drei – finden wir, was wir gesucht haben: einen funktionalen Zusammenhang, der zu den Daten passt. Und man wird nicht nur einen einzigen finden, sondern man findet jede Menge von ihnen, im Grunde so viele, wie man sich wünscht.

Aber welches von all den vorhergehenden Ereignissen oder welcher von all diesen Zusammenhängen ist die Ursache oder der kausal wirksamste Zusammenhang? Dem Empirismus zufolge gibt es keine Überlegungen a priori, die uns in diesen Fragen helfen könnten. Und das ist auch der Grund dafür, warum Empiristen die Wichtigkeit von Vorhersagen derart betonen. Um herauszufinden, welche von all den historischen Erklärungen in der Tat korrekt – oder zumindestens nicht falsch – ist, müssen wir sie allesamt prüfen, indem wir sie bei der Vorhersage von Ereignissen, die bislang noch nicht stattgefunden haben, anwenden, ihre Gültigkeit erkennen und dabei falsche Erklärungen aussondern.

So viel zum Empirismus und seinen Gedanken über Theorie, Geschichte und Vorhersage. Ich möchte mich angesichts der klar relativistischen Konsequenzen des Empirismus gar nicht auf eine genaue Untersuchung der Frage einlassen, ob diese Betonung des Vorhersageerfolgs an diesen Konsequenzen viel ändert oder nicht. Erinnern wir uns daran, dass gemäß seiner eigenen Lehre, uns weder eine vorhergesagte Bestätigung noch eine vorhergesagte Falsifikation dabei helfen kann, zu entscheiden, ob zwischen einem Paar an Variablen ein kausales Verhältnis besteht oder nicht. Demnach sieht es ganz so aus, als ob mit diesen Vorhersagen bloß der Grundstein für die jeweils eigene Philosophie gelegt werden würde.

Ich möchte bereits den Ausgangspunkt dieser Philosophie in Zweifel ziehen. Es gibt mehrere schlüssige Widerlegungen des Empirismus. Ich werde zeigen, dass die empiristische Unterscheidung zwischen empirischem und analytischem Wissen schlichtweg falsch und selbstwidersprüchlich ist.[23] Dies

---

23 Für die rationalistische Kritik des Empirismus siehe Friedrich Kambartel, *Erfahrung und Struktur. Bausteine einer Kritik des Empirismus und Formalismus*, Suhrkamp, Frankfurt am Main 1968; Brand Blanshard, *Reason and Analysis*, Open Court Publishing Company, LaSalle, Illinois 1964; Arthur Pap, *Semantics and Necessary Truth*,

wird uns dann zur Entwicklung des Standpunkts der Österreichischen Schule führen, speziell was Theorie, Geschichte
und Vorhersage betrifft.

Die zentrale Behauptung des Empirismus ist: Empirisches
Wissen muss durch Erfahrung verifizierbar oder falsifizierbar sein, und analytisches Wissen, das nicht auf diese Weise
verifizierbar oder falsifizierbar ist, kann demnach kein empirisches Wissen enthalten. Wenn dies wahr ist, dann ist es
nur fair zu fragen: Und welchen Status hat dann diese fundamentale Aussage des Empirismus? Offensichtlich muss sie
ja ebenso entweder analytisch oder empirisch sein.

Nehmen wir einmal an, sie ist analytisch. Der empiristischen Lehre zufolge ist ein analytischer Lehrsatz bloß Ge-
kritzel auf einem Stück Papier, heiße Luft und bar jeglichen
sinnvollen Inhalts. Er sagt uns nichts über irgendetwas Reales. Demzufolge würde man den Schluss ziehen müssen,
dass der Empirismus nicht einmal sagen und meinen könnte, was er zu sagen und meinen scheint. Wenn er jedoch sagt
und meint, was wir die ganze Zeit über angenommen haben,
dann informiert er uns in der Tat über etwas Reales, nämlich
über die fundamentale Struktur der Realität. Er behauptet,
dass es nichts in der Realität gibt, das uns vor zukünftigen
Erfahrungen bekannt ist und unsere Hypothese bestätigen
oder widerlegen kann.

Wenn dieser bedeutsame Lehrsatz für analytisch erachtet
wird, das heißt eine Behauptung ist, die keine Falsifikation
erlaubt und deren Wahrheit allein durch die Analyse der
Begriffe festgestellt wird, so liegt ein krasser Widerspruch
vor. Der Empirismus würde sich selbst beweisen, dass er
nichts anderes ist, als ein sich selbst widerlegender Unsinn.[24]

Yale University Press, New Haven, Connecticut 1958; Martin Hollis, Edward Nell,
Rational Economic Man, Cambridge University Press, Cambridge 1957.

24   Ludwig von Mises schreibt in *Die Letztbegründung der Ökonomik*, mises.at,
Wien 2016, 5, Folgendes : „Es ist die Essenz des logischen Positivismus, den Erken-
ntniswert apriorischen Wissens zu leugnen, indem behauptet wird, alle apriorischen
Sätze seien bloß analytisch. Sie bringen keine neue Information, sondern seien bloß
verbal oder tautologisch, indem sie bekunden, was bereits in den Definitionen
und Annahmen enthalten war. Nur die Erfahrung könne zu synthetischen Sätzen
führen. Es gibt einen offensichtlichen Widerspruch gegen diese Doktrin, nämlich,

Wählen wir nun die andere uns zur Verfügung stehende Alternative und behaupten, dass die grundlegende empiristische Unterscheidung zwischen empirischem und analytischem Wissen eine empirische Aussage ist. Dann hätte die empiristische Position aber keinerlei Tragfähigkeit mehr. Denn sobald wir das behaupten, müssten wir zugeben, dass dieser Lehrsatz – als ein empirischer – möglicherweise ebenso falsch sein könnte. Wir hätten ein Recht darauf, zu erfahren, auf Grund welchen Kriteriums entschieden werden kann, ob er überhaupt ein Lehrsatz ist oder nicht. Noch entscheidender ist, dass er, als empirischer Lehrsatz, nur ein historisches Faktum darstellen könnte, etwa in der Art „alle bislang geprüften Lehrsätze fallen in der Tat in die beiden Kategorien analytisch und empirisch". Diese Aussage würde jedoch für die Ermittlung, ob es möglich ist, Lehrsätze zu produzieren, die a priori wahr und dennoch empirisch sind, völlig irrelevant sein. Wenn die zentrale Behauptung des Empirismus als empirischer Lehrsatz deklariert wird, so würde der Empirimus ganz und gar aufhören eine Erkenntnistheorie, eine Logik der Wissenschaft zu sein, und wäre bloß eine vollkommen beliebige verbale Konvention, die darin besteht, beliebige Möglichkeiten zu nennen, wie mit gewissen Aussagen und Bezeichnungen umgegangen werden soll. Der Empirismus wäre demnach eine Position, die bar jeder Begründung wäre.

Was beweist dieser erste Schritt in unserer Kritik? Er beweist, dass die empiristische Konzeption des Wissens falsch ist, und er beweist dies mit Hilfe eines sinnvollen Arguments a priori. Und er zeigt, dass die Konzeption von wahren synthetischen Lehrsätzen a priori, so wie wir sie von Kant und Mises her kennen, richtig ist. Genauer: Er beweist, dass das Verhältnis zwischen Theorie und Geschichte nicht so sein kann, wie dies vom Empirismus beschrieben wird. Es muss einen Bereich der Theorie geben – einen Bereich, der empirisch bedeutungsvoll ist – der sich

---

dass dieser Satz, es gäbe keine synthetischen apriorischen Sätze, selbst ein – wie der Autor meint, falscher – synthetischer apriorischer Satz ist, da er offenbar nicht durch die Erfahrung bestätigt werden kann."

kategorisch von jener Konzeption von Theorie unterscheidet, die der Empirismus liefert. Es muss auch Theorien a
priori geben. Demnach muss auch das Verhältnis zwischen
Theorie und Geschichte ein anderes und weitaus komple-
xer sein, als uns der Empirismus glauben machen will. Ich
möchte die Unterschiede mit einem anderen Argument a
priori verdeutlichen, das gegen die im Empirismus ent-
haltene These gerichtet ist, dass das Verhältnis zwischen
Theorie und empirischer Forschung in jedem Wissensgebiet gleich ist.

Wie geeignet die empiristischen Methoden für die Naturwissenschaften auch immer sein mögen (und ich bin
der Ansicht, dass sie selbst für diesen Bereich ungeeignet
sind, kann mich an dieser Stelle aber nicht näher mit dieser
Frage befassen),[25] so ist es regelrecht undenkbar, dass sie
erfolgreich auf die Sozialwissenschaften anwendbar sind.

Der Gegenstand der Sozialwissenschaften ist das
menschliche Handeln. Der Empirismus behauptet, dass
Handlungen, so wie jedes andere Phänomen, mithilfe von
kausalen Hypothesen zu erklären sind, die durch Erfahrung bestätigt oder falsifiziert werden können.[26]

Nun, wenn dies der Fall wäre, dann wäre der Empirismus – ganz in Widerspruch zu seiner eigenen Lehre, dass
es nämlich kein Wissen a priori über irgendetwas gibt, das
in der Realität existiert – zuerst einmal dazu gezwungen,

---

25   Siehe dazu – zusätzlich zu den Arbeiten, die ich in Fußnote 23 zitiert
habe – im Besonderen Hugo Dingler, *Die Ergreifung des Wirklichen*, Eidos-Verlag,
München 1955; ders., *Aufbau der exakten Fundamentalwissenschaft*, Eidos-Verlag,
München 1964; Paul Lorenzen, *Methodisches Denken*, Suhrkamp, Frankfurt am
Main 1968; Friedrich Kambartel, Jürgen Mittelstrass (Hrsg.), *Zum normativen
Fundament der Wissenschaft*, Athenäum Verlag, Frankfurt am Main 1973; ebenso
Hans-Hermann Hoppe, *In Defense of Extreme Rationalism*, Review of Austrian
Economics 3, 1988.

26   Zusätzlich zu jenen Arbeiten, die ich bereits in Fußnote 20 zitiert habe,
siehe noch derart bezeichnende empiristische Literatur wie Arthur Goldberger,
Otis D. Duncan (Hrsg.), *Structural Equation Models in the Social Sciences*, Academ-
ic Press, San Diego, California 1973; H.B. Blalock (Hrsg.), *Causal Inferences in
Non-Experimental Research*, University of North Carolina Press, Chapel Hill 1964;
Arthur L. Stinchcombe, *Constructing Social Theories*, Harcourt, Brace & World,
New York 1968.

anzunehmen, dass es zeitlich unveränderliche Handlungsgründe gibt.

Niemand kann a priori wissen, welche spezifischen Ereignisse der Grund für eine spezifische Handlung gewesen
sind. Der Empirismus hingegen will, dass wir die unterschiedlichen Erfahrungen, die wir bei den Abläufen von
Handlungen gemacht haben, miteinander in Beziehung
bringen, damit sie sich wechselseitig bestätigen oder falsifizieren können. Wenn sie sich wechselseitig falsifizieren,
dann müssen wir darauf mit einer Neuformulierung unserer ursprünglichen Hypothese reagieren. Um dies alles
tun zu können, müssen wir bei den Handlungsgründen jedoch eine zeitliche Konstanz voraussetzen. Zu wissen, dass
Gründe für Handlungen existieren, ist selbstverständlich
ein Wissen über die Realität von Handlungen. Ohne eine
solche Annahme der Existenz von Gründen an sich, könnten die unterschiedlichen Erfahrungen niemals miteinander in Verbindung gebracht werden, um sich wechselseitig
zu bestätigen oder zu falsifizieren. Es wären schlichtweg
Beobachtungen, die keine Beziehung miteinander haben
und die miteinander nicht vergleichbar sind. Hier ist die
eine und hier ist eine andere; sie sind gleich, ähnlich oder
unterschiedlich. Nichts anderes folgt daraus.[27]

Zusätzlich gibt es noch einen weiteren Widerspruch, und
wenn wir uns diesen klar machen, so führt uns dies unverzüglich zur zentralen Einsicht von Mises, dass das Verhältnis zwischen Theorie und Geschichte auf dem Gebiet
der Sozialwissenschaften von gänzlich anderer Natur als in
den Naturwissenschaften ist.

Um welchen Widerspruch handelt es sich hier? Wenn
Handlungen tatsächlich von konstanten Wirkursachen ge-
steuert werden, ist es mit Sicherheit angebracht zu fragen:
Und wie lassen sich dann die Handlungen jener erklären,

---

27   Siehe dazu und zum Folgenden Hans-Hermann Hoppe, *Kritik der kausalwissenschaftlichen Sozialforschung. Untersuchungen zur Grundlegung von Soziologie
und Ökonomie*, Westdeutscher Verlag, Opladen 1983, Kapitel 2, sowie ders., „Is
Research Based on Causal Scientific Principles Possible in the Social Sciences?,"
in: *Ratio* 25, Nr.1, 1983.

die uns das Handeln erklären wollen? Wie steht es um die kausale Vorhersage von deren Handlungen? Sie sind schließlich jene Personen, die den Prozess der Hypothesenbildung, Verifizierung und Falsifizierung vorantreiben.

Um bestätigende oder falsifizierende Erfahrungen verarbeiten zu können – um alte Hypothesen durch neue zu ersetzen – muss man dazu fähig sein, aus Erfahrungen zu lernen. Jeder Empiriker ist gezwungen, dies zuzugeben. Denn warum sonst sollte er sich dann überhaupt in der empirischen Forschung engagieren?

Wenn aber jemand in einer bislang unbekannten Weise aus Erfahrung lernen kann, dann kann er zugegebenermaßen nicht wissen, was er zu einem späteren Zeitpunkt wissen und wie er auf Basis dieses Wissens handeln wird. Er kann nur, nachdem das Ereignis stattgefunden hat, die Gründe seines Handelns analysieren, so wie jemand sein Wissen nur dann erklären kann, wenn er es bereits hat. Kein wissenschaftlicher Fortschritt könnte jemals den Umstand verändern, dass jemand sein eigenes Wissen und seine eigenen Handlungen auf der Basis von konstanten Handlungsgründen als unvorhersehbar erachtet. Man mag diese Konzeption von Freiheit für eine Illusion halten. Und man mag dabei durchaus richtig liegen, vom Standpunkt eines Wissenschaftlers aus, der geistige Fähigkeiten hat, die jeder menschlichen Intelligenz überlegen sind, oder vom Standpunkt Gottes aus. Aber wir sind keine göttlichen Wesen. Selbst wenn unsere Freiheit vom Standpunkt Gottes aus eine Illusion wäre und unsere Handlungen einem vorhersehbaren Pfad folgen würden: Für uns Menschen ist sie eine notwendige und unvermeidbare Illusion. Wir können nicht auf Basis unseres bisherigen Status vorhersagen, wie der zukünftige Status unseres Wissens und jener Handlungen sein wird, in denen sich dieses Wissen manifestiert.

Wir können unser Wissen und unsere Handlungen bloß rekonstruieren, nachdem das Ereignis stattgefunden hat.[28]

Die empiristische Erkenntnistheorie ist deshalb schlichtweg widersprüchlich, wenn sie auf das Gebiet des Wissens und das Gebiet des menschlichen Handelns, welches Wissen als seinen wichtigsten Bestandteil enthält, angewandt wird. Wenn empiristisch gesinnte Sozialwissenschaftler Gleichungen zur Vorhersage sozialer Phänomene formulieren, treiben sie bloß Unsinn. Allein dass sie sich auf ein Unternehmen einlassen, von dessen Ausgang sie annehmen müssen, dass er ihnen noch gänzlich unbekannt ist, beweist, dass das, was sie vorgeben zu tun, gar nicht getan werden kann. Mises hat dies verstanden und es wiederholt hervorgehoben: Es gibt keine empirisch kausalen Konstanten auf dem Gebiet des menschlichen Handelns.[29]

Anhand eines Arguments a priori lässt sich folgende Einsicht begründen: Im Unterschied zur Naturgeschichte lässt sich aus der Sozialgeschichte keinerlei Wissen gewinnen, das zum Zweck der Vorhersage verwendet werden kann. Im Gegenteil: Die Sozial- und Wirtschaftgeschichte verweist ausschließlich auf die Vergangenheit. Das Ergebnis von Forschungen, wie und warum die Menschen in der Vergangenheit gehandelt haben, hat keinen systematischen Einfluss darauf, ob sie in Zukunft auf die gleiche Weise handeln werden oder nicht. Menschen können lernen. Es ist absurd, anzunehmen, dass man in der Gegenwart vorhersagen könnte, was man morgen wissen wird und in

---

28   Interessanterweise wurde dieses Argument zum ersten Mal von Karl R. Popper entwickelt, in der Einleitung zu seinem Buch *The Poverty of Historicism*, Routledge & Kegan Paul, London 1957. Popper hat gänzlich vergessen zu bemerken, dass ein derartiges Argument seine eigene Idee eines erkenntnistheoretischen Monismus *(Einheitswissenschaft)* schlagartig ungültig macht. Damit demonstriert er die Unanwendbarkeit seines Falsifikationismus auf das Gebiet der menschlichen Handlungen und des menschlichen Wissens. Siehe dazu meine *Kritik der kausalwissenschaftlichen Sozialforschung*, 44-49; ebenso Karl-Otto Apel, *Die Erklären: Verstehen Kontroverse in transzendental-pragmatischer Sicht*, Suhrkamp, Frankfurt am Main 1979, 44-46, Fußnote 19.

29   Siehe dazu Ludwig von Mises, *Nationalökonomie: Theorie des Handelns und Wirtschaftens*, Philosophia Verlag, München 1980 (unveränderter Nachdruck der 1. Auflage. Editions Union, 1940), 50-51.

welcher Weise sich das Wissen von morgen von dem heutigen Wissen unterscheiden wird.

Niemand kann heute seine Nachfrage nach Zucker vorhersagen, die er in einem Jahr haben wird, genauso wenig wie Einstein seine Relativitätstheorie hätte vorhersagen können, bevor er sie tatsächlich entwickelt hat. Niemand kann heute wissen, was er in einem Jahr über Zucker wissen wird. Und niemand kann all jene Güter kennen, die in einem Jahr mit dem Zucker konkurrieren werden. Man kann freilich raten. Da aber zugegeben werden muss, dass der zukünftige Wissensstand auf Basis von konstanten Handlungsgründen nicht vorhergesagt werden kann, kann niemand von sich behaupten, diesbezüglich eine Vorhersage machen zu können, die vom gleichen erkenntnistheoretischen Typus ist wie etwa eine Vorhersage hinsichtlich des zukünftigen Verhaltens des Mondes, des Wetters oder der Gezeiten. Dies sind Vorhersagen, die berechtigterweise Gebrauch von der Annahme machen könnten, dass es konstante Wirkursachen gibt. Eine Vorhersage über den zukünftigen Bedarf an Zucker ist jedoch eine völlig andere Angelegenheit.

Aus der Tatsache, dass die Sozial- und Wirtschaftsgeschichte nur mit rekonstruierten Erklärungen aufwarten kann und niemals mit Erklärungen, die irgendeine systematische Relevanz für die Vorhersage haben, folgt eine weitere sehr wichtige Einsicht bezüglich der Logik der empirischen Sozialforschung. Dies läuft auf eine weitere entscheidende Kritik des Empirismus hinaus, zumindest was seine Behauptung betrifft, eine angemessene Erkenntnistheorie für sozialwissenschaftliche Forschung zu sein.

Erinnern wir uns an die Frage, die ich bereits früher gestellt habe, nämlich warum der Empirismus die prädiktive Funktion der erklärenden Theorien so außerordentlich stark hervorhebt. Für jedes Phänomen, das erklärt werden soll, gibt es eine Vielzahl an vorhergehenden Ereignissen und eine Vielzahl an funktionalen Zusammenhängen, in denen diese Ereignisse stehen, durch welche das in Frage kommende Phänomen möglicherweise erklärt werden könnte. Aber welche von diesen konkurrierenden Erklärungen ist richtig und welche nicht? Die Antwort der Empiristen war: Versuche, zukünftige Ereignisse vorherzusagen, und dein Erfolg oder Misserfolg wird dir sagen, welche Erklärung richtig ist und welche nicht. Doch wenn es bei menschlichen Handlungen keine konstanten Wirkursachen gibt, wird dieser Ratschlag klarerweise keinen Sinn haben. Was ist in diesem Fall zu tun? Der Empirismus kann diese Frage nicht beantworten.

Aber selbst wenn es unmöglich wäre, Handlungen auf irgendeine wissenschaftliche Art und Weise vorherzusagen, heißt das noch lange nicht, dass eine rekonstruktive historische Erklärung genauso gut wäre wie irgendeine andere. Es wäre völlig absurd, wenn jemand die Tatsache, dass ich von Deutschland in die Vereinigten Staaten übersiedelt bin, etwa damit erklären wollte, dass, vor meiner Entscheidung, für den Mais in Michigan ein kräftiger Wachstumsschub zu erwarten gewesen wäre und dass dies meine Entscheidung verursacht hätte. Aber warum nicht, wenn sich doch das den Mais von Michigan betreffende Ereignis tatsächlich vor meiner Entscheidung ereignet hat? Die Begründung ist selbstverständlich meine Auskunft, dass Michigans Mais für meine Entscheidung keine Bedeutung hatte. Und wenn überhaupt irgendetwas über mich bekannt ist, so ist klar ersichtlich, dass dies in der Tat der Fall gewesen ist.

Aber wie kann man dies erkennen? Die Antwort ist: Durch das Verstehen meiner Motive und Interessen, meiner Überzeugungen und Hoffnungen, meiner normativen Orientierungen und meiner konkreten Vorstellungen, die zu dieser Handlung geführt haben. Wie können wir jemanden verstehen und wie verifizieren wir, dass unser Verständnis tatsächlich korrekt ist? Was den ersten Teil der Frage betrifft: Man versteht jemanden, indem man sich auf eine Pseudo-Kommunikation und Interaktion mit ihm einlässt. Ich sage „pseudo", weil wir uns klarerweise nicht auf eine reale Kommunikation mit Julius Cäsar einlassen können, wenn wir herausfinden wollen, warum er den

Rubicon überquert hat. Aber wir können seine Schriften studieren und die in ihnen ausgedrückten Überzeugungen mit seinen tatsächlichen Handlungen vergleichen. Wir können die Schriften und Handlungen von Zeitgenossen studieren und auf diese Weise versuchen, Cäsars Persönlichkeit, seine Zeit und seine besondere Rolle und Position in seiner Zeit zu verstehen.[30]

Was den zweiten Teil der Frage betrifft – das Problem der Verifikation von historischen Erklärungen – so muss man von vornherein zugeben, dass es kein absolut eindeutiges Kriterium gibt, dass uns erlauben würde, zu entscheiden, welche von zwei konkurrierenden Erklärungen, die beide gleichermaßen auf dem Verstehen beruhen, definitiv richtig ist und welche nicht. Die Geschichtswissenschaft ist keine exakte Wissenschaft in diesem Sinn, wie die Naturwissenschaften exakte Wissenschaften sind, oder in einem wiederum andersgearteten Sinn, wie die Ökonomik eine exakte Wissenschaft ist.

Selbst wenn zwei Historiker in ihrer Beschreibung der Fakten und in ihrer Beurteilung der Einflussfaktoren für eine gegebene Handlung, die erklärt werden soll, übereinstimmen, so könnten sie immer noch uneinig darüber sein, welches Gewicht den Faktoren gegeben werden sollte. In diesem Fall würde es keinen Weg geben, diese Angelegenheit in einer völlig eindeutigen Art und Weise zu entscheiden.[31]

Nur damit kein Missverständnis aufkommt: Es gibt trotzdem eine Art Wahrheits-Kriterium für historische Erklärungen. Es ist ein Kriterium, das all die möglichen Uneinigkeiten zwischen Historikern zwar nicht beseitigen kann, das aber dennoch eine Vielzahl an Erklärungen ausschließt und disqualifiziert. Das Kriterium ist, dass jede wahre historische Erklärung solcherart sein muss, dass der

---

30 Zur Logik der Geschichte siehe Ludwig von Mises, *Theorie und Geschichte, H. Akston Verlags GmbH, München 2014,*, Kapitel 14; ders. *Die Letztbegründung der Ökonomik,* 68-77, sowie *Nationalökonomie,* 42-51, 56-60.

31 Siehe Ludwig von Mises, *Human Action: A Treatise on Economics,* Henry Regnery, Chicago 1966 (dritte überarbeitete Auflage), 57f.

Handelnde, dessen Handlungen erklärt werden sollen, zumindest im Prinzip imstande sein muss, die erklärenden
Faktoren als diejenigen zu verifizieren, die tatsächlich zu
seinem Handeln beigetragen haben.[32] Das Stichwort ist
hier: im Prinzip. Selbstverständlich könnte Cäsar unsere
Erklärung für sein Überschreiten des Rubicons möglicherweise auch nicht verifizieren. Er könnte überdies ge-
wichtige Gründe dafür haben, diese Erklärung nicht zu
verifizieren, denn es wäre möglich, dass eine solche Verifikation mit anderen Grundsätzen, die er haben mag, im
Widerspruch steht.

Dass jede wahre Erklärung von dem in Frage kommen-
den Handelnden verifizierbar sein muss, bedeutet außerdem nicht, dass jeder Handelnde immer am besten dazu
geeignet ist, sein eigener Erklärer zu sein. Es kann sein, dass
Einstein besser als irgend jemand anderer erklären kann,
warum und wie er auf die Relativitätstheorie gekommen
ist. Aber dies könnte auch nicht so sein. Es wäre tatsächlich genauso gut möglich, dass ein Wissenschaftshistoriker
Einstein und die Einflüsse, die zu seiner Entdeckung geführt haben, besser versteht, als er es selbst hätte verstehen
können. Es wäre auch möglich, dass die Einflussfaktoren
oder die Regeln, die jemandes Handeln bestimmt haben,
nur unterbewusst vorhanden waren.[33] Oder sie könnten
derart naheliegend gewesen sein, dass man sie schlichtweg
nicht bemerkt hat.

Die folgende Analogie könnte recht hilfreich dabei
sein, den sonderbaren Umstand zu verstehen, dass andere Menschen eine Person besser verstehen können, als sie
sich selbst versteht. Betrachten wir etwa eine öffentliche
Rede. Selbstverständlich kann die Person, welche die Rede

---

32   Zur Logik der historischen und soziologischen Rekonstruktion und Verifikation siehe ebenso Hans-Hermann Hoppe, *Kritik der kausalwissenschaftlichen
Sozialforschung*, 33-38.

33   Zur Logik der psychoanalytischen Erklärung und Verifikation siehe Alas-
dair MacIntyre, *The Unconscious*, Duckworth, London 1958; Jürgen Habermas,
Erkenntnis und Interesse, Suhrkamp, Frankfurt am Main 1968, Kapitel 2; zur
Bedeutung der Psychoanalyse siehe auch Ludwig von Mises, *Nationalökonomie*,
12f.

gehalten hat, in hohem Ausmaß für das, was sie gesagt hat, Gründe angeben und die Einflüsse formulieren, die dazu geführt haben, die Dinge in dieser Weise zu betrachten. Sie kann dies vermutlich besser als irgend jemand anders. Und dennoch: Indem die Person sagt, was sie sagt, folgt sie gewöhnlich unbewusst Regeln, die sie sich kaum oder nur mit großen Schwierigkeiten verdeutlichen kann. Sie folgt ebenso bestimmten grammatikalischen Regeln, wenn sie sagt, was sie sagt. Aber recht oft würde sie völlig unfähig dazu sein, diese Regeln zu formulieren, selbst wenn sie einen klaren Einfluss auf ihre Handlungen hätten. Der Historiker, der jemandes Handlungen besser versteht als die Person selbst, verhält sich analog zum Grammatiker, der die Satzstrukturen des öffentlichen Redners analysiert. Beide rekonstruieren und formulieren die Regeln, denen tatsächlich gefolgt wurde, die jedoch nicht oder nur unter außerordentlichen Schwierigkeiten vom Redner selbst formuliert werden könnten.[34]

Der Redner könnte also nicht imstande sein, jene Regeln, denen er folgt, auch selbst zu formulieren und einen professionellen Historiker oder Grammatiker brauchen, der ihm hilft. Doch es ist von größter Wichtigkeit, zu erkennen, dass das Wahrheitskriterium für die Erklärung des Grammatikers nach wie vor folgendes ist: Dass der Redner – nachdem das, was vorher nur implizit bewusst war, explizit gemacht wurde – rein prinzipiell imstande sein müsste, die Korrektheit dieser Erklärung zu verifizieren. Um die Erklärungen des Grammatikers oder Historikers als korrekt bezeichnen zu können, ist es notwendig, dass der Redner imstande sein muss, diese Regeln als diejenigen wiederzuerkennen, die ihn bei seinen Handlungen tatsächlich beeinflusst haben. So viel zur Logik der historischen

---

34   Zur Logik linguistischer Erklärungen, insofern sie die Rekonstruktion von Regeln betreffen, welche die Bestätigung durch das „intuitive Wissen" von „kompetenten Rednern" benötigen, siehe Noam Chomsky, *Aspects of the Theory of Syntax*, M.I.T. Press, Cambridge 1965; ebenso Karl-Otto Apel, *Noam Chomskys Sprachtheorie und die Philosophie der Gegenwart*, in: Apel, *Transformation der Philosophie*, Bd. 2, Suhrkamp, Frankfurt am Main 1973.

Forschung als eine notwendig rekonstruierende Forschung,
die auf dem Verstehen beruht.[35]

Der Beweis der Unmöglichkeit kausaler Vorhersage auf
dem Gebiet menschlichen Wissens und Handelns könnte
nun den Eindruck erwecken, dass Vorhersage ganz generell
nichts anderes ist, als erfolgreiches oder erfolgloses Raten.
Dieser Eindruck würde aber ebenso falsch sein, wie es
falsch sein würde zu denken, dass jemand menschliches
Handeln in der gleichen Weise vorhersagen kann wie die
Wachstumsphasen von Äpfeln. Und genau an dieser Stelle
kommt die einzigartige Einsicht über die Wechselwirkung
von ökonomischer Theorie und Geschichte von Ludwig
von Mises ins Spiel.[36]

Der Grund, warum die soziale und ökonomische Zukunft nicht gänzlich und absolut als ungewiss betrachtet
werden kann, sollte eigentlich gar nicht so schwer zu verstehen sein: Die Unmöglichkeit kausaler Vorhersagen auf
dem Gebiet des Handelns wurde mit Hilfe eines Arguments a priori bewiesen. Dieses Argument ist mit a priori
wahrem Wissen über Handlungen an sich verbunden: dass
sie nicht von zeitlich unveränderlichen Handlungsgründen
geleitet werden.

Während ökonomische Vorhersagen in der Tat immer
eine systematisch unlehrbare Kunst sein werden, ist es zur
gleichen Zeit wahr, dass alle ökonomischen Vorhersagen

---

35   Für die maßgebliche Kritik an der empiristisch-positivistischen Phi-
losophie der empirischen Sozialwissenschaften und zur Erklärung der Sozial-
forschung, insofern sie auf rekonstruierendem Verstehen beruht, siehe auch
Karl-Otto Apel, *Transformation der Philosophie*; ders. *Die Erklären: Verstehen Kon-
troverse in transzendental-pragmatischer Sicht*; Peter Winch, *The Idea of a Social
Science and Ist Relation to Philosophy*, Humanties Press, Atlantic Highlands, New
York 1970; ders. *Ethics and Action*, Routledge and Kegan Paul, London 1972;
Jürgen Habermas, *Zur Logik der Sozialwissenschaften*, Suhrkamp, Frankfurt am
Main 1970; Georg Henrik von Wright, *Explanation and Understanding*, Cornell
University Press, Ithaca, New York 1971.

36   Zum Verhältnis zwischen Theorie und Geschichte siehe im Besonderen
Ludwig von Mises, *Human Action*, 51-59, sowie *Grundprobleme der Nationalökonomie*, Kapitel 2-3.

von der Existenz eines Wissens a priori über Handlungen an sich abhängig sind.[37]

Nehmen wir als Beispiel die Quantitätstheorie des Geldes, den praxeologischen Lehrsatz, dass, wenn die Geldmenge erhöht wird und die Nachfrage nach Geld gleichbleibt, die Kaufkraft des Geldes sinken wird. Unser Wissen a priori über Handlungen an sich informiert uns darüber, dass es unmöglich ist, wissenschaftlich vorherzusagen, ob die Geldmenge erhöht wird, verringert wird oder unverändert bleibt. Ebenso wenig ist es möglich – unabhängig davon, was mit der Geldmenge geschieht – wissenschaftlich vorherzusagen, ob sich die Nachfrage nach Geld, das in Kassenbeständen gehalten wird, erhöhen, verringern oder gleichbleiben wird. Wir können nicht behaupten, dazu fähig zu sein, solche Dinge vorherzusagen, weil wir nicht den zukünftigen Wissensstand der Menschen vorhersagen können. Und dieser beeinflusst klarerweise das, was mit der Geldmenge und der Nachfrage nach Geld geschieht. In dieser Hinsicht ist unsere Theorie, unser praxeologisches Wissen, das in die Quantitätstheorie des Geldes eingebettet ist, für die Vorhersage der ökonomischen Zukunft von eher beschränkter Nützlichkeit.

Die Theorie würde niemandem erlauben, zukünftige ökonomische Ereignisse vorherzusagen, selbst dann nicht, wenn es eine bekannte Tatsache ist, dass die Quantität

---

37 Der ehemalige „Österreicher", Neo-Historizist, Hermeneutiker und Nihilist Ludwig Lachmann, der die Unvorhersagbarkeit zukünftigen Wissens bis zum Überdruss wiederholt (siehe dazu seinen Aufsatz *From Mises to Shackle: An Essay on Austrian Economics and the Kaleidic Society*, in: *Journal of Economic Literature* 54, 1976 sowie *The Market as an Economic Process*, Basil Blackwell, New York 1986), versäumt völlig, diesen letzteren Punkt zuzugeben. Seine Argumente sind schlichtweg selbstwidersprüchlich. Offensichtlich behauptet er, die sichere Kenntnis zu haben, dass man zukünftiges Wissen und folglich auch zukünftiges Handeln nicht kennen könne. Demnach weiß er sehr wohl etwas über zukünftiges Wissen und Handeln. Er muss über das Wissen und Handeln an sich etwas wissen. Und dies ist exakt das, was die Praxeologie für sich beansprucht: Ein Wissen über Handlungen an sich und (wie ich es erklärt habe in *On Praxeology and the Praxeological Foundations of Epistemology and Ethics*, 49 unten) ein Wissen über die Struktur, die jedes zukünftige Wissen haben muss, aufgrund der Tatsache, dass es ausnahmslos ein Wissen von Handelnden ist.

des Geldes ausgeweitet worden ist. Man würde nach wie
vor unfähig sein, vorherzusagen, wie sich die Nachfrage
nach Geld entwickeln wird. Selbstverständlich gibt es Ereignisse, die gleichzeitig ablaufen und die Nachfrage nach
Geld beeinflussen – und sie können die Effekte, die eine
erhöhte Geldversorgung mit sich bringen, aufheben, ver-
größern, verkleinern, beschleunigen und verlangsamen.
Solche gleichzeitigen Veränderungen können rein prinzipiell nicht vorhergesagt oder experimentell konstant gehalten
werden. Es wäre völlig absurd, subjektives Wissen, dessen
kleinste Veränderung das Handeln beeinflusst, als auf
Basis vorhergehender Variablen vorhersagbar anzusehen
und zu glauben, es könne konstant gehalten werden. Eben
jener Experimentator, der das Wissen konstant halten will,
würde vielmehr voraussetzen müssen, dass von seinem
Wissen, und im Speziellen seinem Wissen über das Ergebnis des Experiments, nicht vorausgesetzt werden kann,
dass es über die Zeit hin konstant bleibt.

Aus der Quantitätstheorie des Geldes – insofern sie als
Formel verstanden wird, die Konstanten zur Vorhersage
einsetzt – lässt sich demnach kein spezielles ökonomisches
Ereignis, weder ein sicheres noch ein mögliches, ableiten.
Trotzdem würde diese Theorie die Bandbreite möglicher
korrekter Vorhersagen begrenzen. Und sie würde dies
nicht als eine empirische Theorie tun, sondern als eine
praxeologische, die als logische Einschränkung für unsere
Vorhersagen fungiert.[38] Vorhersagen, die mit der Quantitätstheorie nicht im Einklang stehen, werden systematisch
fehlerhaft sein und zu einer systematisch steigenden Anzahl an Vorhersageirrtümern führen. Das heißt aber nicht,
dass jemand, dessen Vorhersagen auf korrektem praxeolo-
gischem Denken beruhen, zukünftige ökonomische Ereignisse notwendig besser vorhersagen kann als jemand, der
durch logisch fehlerhafte Überlegungen und Argumentati-
onsketten zu seinen Vorhersagen gelangt. Es bedeutet bloß,
dass jemand, der Vorhersagen macht und praxeologisch

38   Zur Logik sozialer und ökonomischer Vorhersagen siehe auch Hoppe, *In
Defense of Extreme Rationalism*, Abschnitt 3, 4.

aufgeklärt ist, auf lange Sicht durchschnittlich erfolgreicher sein wird als der Rest.

Es ist durchaus möglich, dass jemand eine falsche Vorhersage macht, obwohl er das Ereignis „Zunahme der Geldmenge" korrekt identifiziert hat und obwohl er die praxeologisch korrekte Überlegung angestellt hat, dass ein derartiges Ereignis mit logischer Notwendigkeit mit dem Ereignis „Abnahme der Kaufkraft des Geldes" verbunden ist. So könnte er sich etwa bei der Vorhersage des Ereignisses „Nachfrage nach Geld" geirrt haben. Er könnte eine konstante Nachfrage nach Geld vorhergesagt haben, doch tatsächlich hat die Nachfrage zugenommen. Deshalb hat sich die vorhergesagte Teuerung nicht, wie erwartet, zeigen können. Und auf der anderen Seite ist es ebenso möglich, dass eine Person eine korrekte Vorhersage machen konnte, etwa dass es keine Abnahme der Kaufkraft geben wird, obwohl sie irrtümlicherweise davon überzeugt war, dass ein Ansteigen der Geldmenge mit der Kaufkraft des Geldes nichts zu tun hat. So könnte es sein, dass eine weitere gleichzeitige Veränderung eingetreten ist, etwa, dass die Nachfrage nach Geld gestiegen ist, die seiner falschen Beurteilung der Gründe und Konsequenzen entgegengearbeitet und zufälligerweise bewirkt hat, dass seine Vorhersage richtig wurde.

Dennoch, und das bringt uns zurück zu dem Punkt, dass die Praxeologie unsere Vorhersagen ökonomischer Ereignisse logisch beschränkt: Was wäre, wenn wir annehmen, dass all jene, die Vorhersagen machen, ganz gleich ob sie über gut fundierte praxeologische Kenntnisse verfügen oder nicht, durchschnittlich gleich gut dafür gerüstet sind, andere gleichzeitig auftretende Veränderungen vorwegzunehmen? Was wäre, wenn sie durchschnittlich gleich gut im Erraten der sozialen und ökonomischen Zukunft wären? Offensichtlich müssen wir dann zu dem Schluss kommen, dass jene, welche bei ihren Vorhersagen die praxeologischen Gesetze, wie die Quantitätstheorie des Geldes, berücksichtigen, erfolgreicher sein werden als die Gruppe jener, die von Praxeologie keine Ahnung hat.

Es ist unmöglich, eine Formel aufzustellen, die zeitlich unabhängige Handlungsgründe verwendet und mit Hilfe derer man Veränderungen in der Nachfrage nach Geld wissenschaftlich vorhersagen kann. Die Nachfrage nach Geld ist notwendig vom zukünftigen Wissensstand der Menschen abhängig, und zukünftiges Wissen ist unvorhersehbar. Deshalb ist praxeologisches Wissen für die Vorhersage auch nur von sehr beschränkter Nützlichkeit.[39]

Dennoch: Von all jenen, die korrekt vorhersagen, dass die Nachfrage nach Geld zunehmen wird und die gleichermaßen korrekt wahrnehmen, dass eine Zunahme der Geldmenge tatsächlich stattgefunden hat, werden nur jene eine korrekte Vorhersage machen können, die mit der Quantitätstheorie des Geldes vertraut sind. Jene, deren Überzeugungen im Widerspruch zur Praxeologie stehen, werden notwendigerweise falsch liegen.

Um die Logik ökonomischer Vorhersagen und die praktische Funktion praxeologischen Denkens zu verstehen, muss man die a priori Lehrsätze der Ökonomik als logische Grenzen für empirische Vorhersagen betrachten, als eindrucksvolle logische Beschränkungen dessen, was in Zukunft stattfinden kann und was nicht.

---

39   Zu den unterschiedlichen Funktionen, die das ökonomische Theoretisieren im Umfeld eines freien Marktes oder in einem durch Regierungsinterventionen behinderten Umfeld hat, siehe auch Murray N. Rothbard, *Power and Market*, Sheed Andrews and McMeel, Kansas City, Kansas 1977, 256-58.

ÜBER PRAXEOLOGIE UND DIE

PRAXEOLOGISCHEN GRUNDLAGEN

DER ERKENNTNISTHEORIE[40]

I

Wie die meisten der bedeutenden und bahnbrechenden Ökonomen beschäftigte sich auch Ludwig von Mises eingehend und wiederholt mit dem Problem des logischen Rangs von ökonomischen Lehrsätzen, das heißt mit der Frage, wie wir von ihnen überhaupt Kenntnis bekommen konnten und wie sich ihre Gültigkeit beweisen lässt. Mises steht an erster Stelle unter jenen, die dieses Anliegen für unerlässlich halten, um in der Ökonomik methodischen Fortschritt zu erzielen. Ihm war klar, dass falsche Anworten auf derart fundamentale Fragen die eigene Forschung in eine wissenschaftliche Katastrophe führen würden. Das Ergebnis wären schlichtweg falsche ökonomische Lehrsätze. Dementsprechend hat Mises auch drei seiner Bücher zur Gänze den logischen Grundlagen der Ökonomik gewidmet: die frühen *Grundprobleme der Nationalökonomie*, die 1933 auf Deutsch veröffentlicht wurden, *Theory and History* (*Theorie und Geschichte*) von 1957 sowie *The Ultimate Foundation of Economic Science* (*Die Letztbegründung*

---

40   Diese Abhandlung wurde erstmals in Hans-Hermann Hoppes *The Economics and Ethics of Private Property: Studies in Political Economy and Philosophy*, Kluwer Academic Publishers, Boston 1993, 141-64 veröffentlicht.

der Ökonomik) von 1962, sein letztes Werk, das nach seinem achtzigsten Geburtstag erschien. Doch auch seine Arbeiten auf dem Gebiet der Ökonomik sind ausnahmslos dafür geeignet, die Wichtigkeit zu zeigen, die Mises der Analyse erkenntnistheoretischer Probleme zugemessen hat. Besonders charakteristisch dafür ist *Human Action*, sein Meisterwerk, das sich auf seinen ersten rund hundert Seiten ausschließlich mit derartigen Problemen beschäftigt, wobei auch die anderen, nahezu 800 Seiten dieses Buches mit erkenntnistheoretischen Überlegungen durchzogen sind.

Ganz im Einklang mit Mises sind auch die folgenden Abhandlungen den Grundlagen der Ökonomik gewidmet. Ich habe mir ein zweifaches Ziel gesetzt. Zum einen möchte ich die Lösung darlegen, die Mises hinsichtlich des Problems der Letztbegründung der Ökonomik vorgeschlagen hat, das heißt ich werde sein Konzept einer reinen Theorie des Handelns bzw. der Praxeologie, so wie er es selbst genannt hat, vorstellen und erläutern. Und zum anderen möchte ich zeigen, warum jene Lösung, die Mises vorgeschlagen hat, viel mehr ist als bloß eine unbestreitbare Einsicht in das Wesen der Ökonomik und der ökonomischen Lehrsätze.

Sie bietet zudem eine Einsicht, die es uns auch erlaubt, die Grundlage zu verstehen, auf der die Erkenntnistheorie letztlich beruht. Wie es der Titel der Abhandlung nahelegt, möchte ich zeigen, dass die Praxeologie als die eigentliche Grundlage der Erkenntnistheorie betrachtet werden kann und dass sie bahnbrechende Einsichten zur Rechtfertigung der gesamten rationalistischen Philosophie geliefert hat.[41]

---

41 Zum Folgenden siehe auch meine *Kritik der kausalwissenschaftlichen Sozialforschung. Untersuchungen zur Grundlegung von Soziologie und Ökonomie*; ebenso „Is Research Based on Causal Scientific Principles Possible in the Social Sciences?" (Kapitel 7) sowie „In Defense of Extreme Rationalism."

II

Wenden wir uns der Lösung von Mises zu. Was ist der logische Rang typischer ökonomischer Lehrsätze wie etwa des Gesetzes des abnehmenden Grenznutzens (dass immer dann, wenn der Vorrat eines Gutes, dessen Einheiten für eine Person die gleiche Nützlichkeit haben, um eine zusätzliche Einheit zunimmt, der Wert, der dieser Einheit zugemessen wird, abnehmen muss, weil er nur mehr als ein Mittel zu Erlangung eines Zieles zum Einsatz kommen kann, das als weniger nützlich erachtet wird als das am geringsten bewertete Ziel, das sich bisher mit einer Einheit dieses Gutes befriedigen ließ); oder der Quantitätstheorie des Geldes (dass immer dann, wenn die Geldmenge erhöht wird, während die Nachfrage nach Geld, das in Kassenbeständen gehalten wird, unverändert bleibt, die Kaufkraft des Geldes sinken wird)?

Beim Formulieren seiner Antwort sah sich Mises vor einer doppelten Herausforderung. Zum einen gab es jene Antwort, die vom modernen Empirismus angeboten wurde. Wien war bereits früh ein Zentrum der empiristischen Bewegung, die damals, als Mises noch in Wien lebte, kurz davor stand, sich als die dominante akademische Philosophie der westlichen Welt zu etablieren und die bis auf den heutigen Tag das Bild, das die überwältigende Mehrheit der Ökonomen von ihrem eigenen Fach hat, entscheidend prägt.[42]

42   Zum Wiener Kreis siehe Victor Kraft, *Der Wiener Kreis*, Springer, Wien 1968; zur empiristisch-positivistischen Interpretation der Ökonomik siehe typische Arbeiten wie Terence W. Hutchison, *The Significance and Basic Postulates of Economic Theory*, Macmillan, London 1938 (Hutchison, ein Anhänger der Popper'schen Variante des Empirismus, äußert sich über die Erfolgsaussichten einer „popperisierten" Ökonomik mittlerweile weit weniger enthusiastisch – so etwa in *Knowledge and Ignorance in Economics*, Basil Blackwell, Oxford 1977 – dennoch sieht er keine bessere Alternative, als sich dem Falsifikationismus Poppers an den Hals zu werfen); Milton Friedman, „The Methodology of Positive Economics," in: derselbe, *Essays in Positive Economics*, University of Chicago Press, Chicago 1953; Mark Blaug, *The Methodology of Economics*, Cambridge University Press, Cambridge 1980; eine positivistische Darstellung findet sich auch bei einem

Der Empirismus orientiert sich an der Natur und den Naturwissenschaften. Ihm zufolge haben die eben erwähnten Beispiele für ökonomische Lehrsätze denselben logischen Rang wie Naturgesetze: Wie Naturgesetze stellen sie hypothetische Zusammenhänge zwischen zwei oder mehreren Ereignissen dar, vor allem in Form von Wenn-Dann-Aussagen. Und wie die Hypothesen der Naturwissenschaften müssen auch die ökonomischen Lehrsätze ständig an der Erfahrung überprüft werden. Ein Lehrsatz, der die Beziehung zwischen ökonomischen Ereignissen zum Inhalt hat, kann niemals ein für allemal und mit Sicherheit bestätigt werden, sondern bleibt für immer von den Ergebnissen möglicher zukünftiger Erfahrung abhängig. Eine solche Erfahrung kann die Hypothese möglicherweise bestätigen. Aber das würde nicht beweisen, dass die Hypothese auch wahr ist, weil der ökonomische Lehrsatz bei der Beschreibung der zusammenhängenden Ereignisse ja allgemeine Begriffe (in philosophischer Terminologie: Universalien) verwendet hat, demnach für eine unendliche Anzahl von Fällen oder Umständen gültig ist und dadurch stets Raum für mögliche falsifizierende zukünftige Erfahrungen lässt. Alles, was eine Bestätigung beweisen würde, ist, dass sich die Hypothese bislang noch nicht als falsch herausgestellt hat. Andererseits kann die Hypothese durch die Erfahrung jederzeit falsifiziert werden. Das würde mit Sicherheit beweisen, dass mit der Hypothese an sich etwas nicht in Ordnung ist. Es würde allerdings nicht beweisen, dass der hypothetische Zusammenhang zwischen den angegebenen Ereignissen niemals beobachtet werden könnte. Es würde lediglich zeigen, dass alles Überprüfen und Kontrollieren anhand eigener Beobachtungen eben das, was bislang tatsächlich nachgewiesen und überprüft wurde, ans Licht gebracht hat. Der Zusammenhang hat sich eben noch nicht

---

Teilnehmer des Privatseminars von Mises in Wien: Felix Kaufmann, *Methodology of the Social Sciences*, Humanities Press, Atlantic Highlands, New York 1944; die Dominanz des Empirismus in der Ökonomik wird durch die Tatsache dokumentiert, dass es vermutlich kein einziges ökonomisches Lehrbuch gibt, das die Ökonomik nicht klar als eine empirische (aposteriorische) Wissenschaft klassifiziert.

gezeigt. Und es kann nicht ausgeschlossen werden, dass er
sich zeigt, sobald irgendwelche anderen Umstände überprüft wurden.

Der Standpunkt, den diese Philosophie einnimmt und
der tatsächlich für die meisten Ökonomen der Gegenwart
und ihre Arbeitsweise typisch geworden ist, ist der des
Skeptizismus, nach dem Motto: „Man kann nichts mit
Sicherheit wissen, das auf dem Gebiet der ökonomischen
Phänomene unmöglich ist". Oder präziser formuliert:
Seitdem der Empirismus ökonomische Phänomene – in
strikter Analogie zu den Naturwissenschaften – als objektive Daten versteht, die in den Bereich quantifizierbarer
Messung fallen, ist der sonderbare Skeptizismus der empirischen Ökonomen fast mit jenem der Sozialingenieure zu vergleichen, die ebenso für nichts mehr garantieren
können.[43]

Die andere Herausforderung kam von der Historischen
Schule. In jener Zeit, als Mises noch in Österreich lebte,
war die historizistische Philosophie die vorherrschende
Ideologie an den deutschsprachigen Universitäten. Mit
dem Aufschwung des Empirismus ging ihr Einfluss we-
sentlich zurück. Im Zuge des letzten Jahrzehnts jedoch ist
der Historizismus in der westlichen akademischen Welt
wieder gehörig in Fahrt gekommen. Heute ist er überall
gegenwärtig, unter dem Namen der Hermeneutik, der
Rhetorik, des Dekonstruktivismus und des erkenntnistheoretischen Anarchismus.[44]

43   Zu den relativistischen Konsequenzen des Empirismus/Positivismus siehe
auch Hans-Hermann Hoppe, *A Theory of Socialism and Capitalism*, Kluwer Academic Publishers, Boston 1989, Kapitel 6 sowie „The Intellectual Cover for Socialism," in: *The Free Market*, Februar 1988.

44   Siehe dazu Ludwig von Mises, *The Historical Setting of the Austrian School*,
Ludwig von Mises Institute, Auburn, Alabama 1984; derselbe: *Erinnerungen*,
Gustav Fischer, Stuttgart 1978; derselbe: *Theorie und Geschichte*, H. Akston Verlags GmbH, München 2014, Kapitel 10; ebenso Murray N. Rothbard, *Ludwig
von Mises: Scholar, Creator, Hero*, Ludwig von Mises Institute, Auburn, Alabama
1988; für einen kritischen Überblick über die historizistischen Ideen siehe auch
Karl Popper, *The Poverty of Historicism*, Routledge & Kegan Paul, London 1957;
als Beispiel für eine ältere Version der historizistischen Interpretation der Ökonomik siehe Werner Sombart, *Die drei Nationalökonomien*, Duncker & Humblot,

Der Historizismus – am deutlichsten wird dies in seinen zeitgenössischen Spielarten – orientiert sich nicht an der Natur, sondern an der Literatur. Gemäß der historizistischen Lehre sind ökonomische Phänomene keine objektiven Größen, die empirisch erfasst werden könnten, sondern subjektive Äußerungen und Interpretationen, welche sich im Laufe der Geschichte entfaltet haben und die von Ökonomen genauso verstanden und interpretiert werden, wie ein literarischer Text von seinen Lesern verstanden und interpretiert wird. Es handelt sich um subjektive Schöpfungen, deren Ereignisabfolge keinem objektiven Gesetz folgt. In einem literarischen Text gleich wie in einem Ablauf historischer Äußerungen und Interpretationen ist nichts von konstanten Zusammenhängen bestimmt. Selbstverständlich sind gewisse literarische Texte tatsächlich vorhanden, und so verhält es sich auch mit gewissen Abfolgen von historischen Ereignissen. Doch das bedeutet keineswegs, dass sich irgendetwas auch in dieser Reihenfolge hat ereignen müssen. Das Ereignis hat einfach stattgefunden, so wie jemand immerzu unterschiedliche literarische Erzählungen oder Abfolgen von historischen Ereignissen erfinden kann, die sich auch in einer ganz anderen Art und Weise abgespielt haben könnten. Dem Historizismus zufolge – und dies ist teilweise auch in seiner modernen hermeneutischen Spielart sichtbar – ist die Struktur dieser stets zufällig verbundenen menschlichen Äußerungen und Interpretationen durch kein wie auch immer geartetes objektives Gesetz bestimmt. Literarisch darstellen lässt sich alles, was auch immer man sich vorstellen mag. Analog dazu sind historische und ökonomische Ereignisse stets so, wie sie jemand beschreibt oder interpretiert, und ihre Darstellung seitens der Historiker und Ökonomen demnach nur das, was sie über diese vergangenen Ereignisse subjektiv zum Ausdruck bringen wollten.

München 1930; für die moderne hermeneutische Wende siehe Donald McCloskey, *The Rhetoric of Economics*, University of Wisconsin Press, Madison 1985 sowie Ludwig Lachmann, „From Mises to Shackle: An Essay on Austrian Economics and the Kaleidic Society," in: *Journal of Economic Literature*, 1976.

Der Standpunkt der historizistischen Philosophie ist der des Relativismus, nach dem Motto: „Alles ist möglich". Durch keinerlei objektive Gesetze beschränkt, sind die historizistisch-hermeneutische Geschichtswissenschaft und Ökonomik, gemeinsam mit der Literaturkritik, Gegenstand der Ästhetik. Dementsprechend ist auch ihr Ergebnis: Es sind Abhandlungen darüber, was jemand über die von ihm empfundenen Empfindungen anderer Menschen empfindet – eine literarische Form, mit der wir nur allzu vertraut sind, speziell in solchen Bereichen wie der Soziologie und der Politikwissenschaft.[45]

Ich gehe davon aus, dass sich intuitiv erkennen lässt, dass in beiden Philosophien – der empiristischen wie der historizistischen – etwas ganz grundlegend nicht in Ordnung ist. Ihre erkenntnistheoretischen Darstellungen scheinen nicht einmal zu ihren selbst gewählten Modellen zu passen: die Natur auf der einen Seite und die Literatur auf der anderen. Jedenfalls scheinen ihre Annahmen, was ökonomische Lehrsätze wie das Gesetz des abnehmenden Grenznutzens oder die Quantitätstheorie des Geldes betrifft, schlichtweg falsch zu sein. Das Gesetz des abnehmenden Grenznutzens ist mit Sicherheit kein hypothetisches Gesetz, das einer ständigen Gültigkeitskontrolle bedarf, das ständig an den Erfahrungen, die da oder dort plötzlich auftauchen, untermauert oder entkräftet werden muss. Die Phänomene, um die es in diesem Gesetz geht, als quantifizierbare Größen aufzufassen, ist schlichtweg lächerlich.

Die historizistische Interpretation scheint um nichts besser zu sein. Ernsthaft zu glauben, dass der in der

---

45 Zum extremen Relativismus des Historizismus wie der Hermeneutik siehe Hans-Hermann Hoppe, „In Defense of Extreme Rationalism"; Murray N. Rothbard, „The Hermeneutical Invasion of Philosophy and Economics," in: *Review of Austrian Economics*, 1988; Henry Veatch, „Deconstructing in Philosophy: Has Rorty Made it the Denouement of Contemporary Analytical Philosophy," in: *Review of Metaphysics*, 1985; Jonathan Barnes, „A Kind of Integrity," in: *Austrian Economics Newsletter*, Sommer 1987; David Gordon, *Hermeneutics vs. Austrian Economics*, Ludwig von Mises Institute, Occasional Paper Series, Auburn, Alabama, 1987; für eine brillante Kritik der zeitgenössischen Soziologie siehe Stanislav Andreski, *Social Science as Sorcery*, St. Martin's Press, New York 1973.

Quantitätstheorie des Geldes genannte Zusammenhang von Ereignissen allein dadurch widerrufen werden könnte, dass man sich dies wünscht, ist absurd. Ebenso absurd ist die Vorstellung, dass sich begriffliche Konzepte wie Geld, Geldnachfrage und Kaufkraft ohne jedwede objektive Grenzen, Zwänge oder Hemmnisse herausgebildet haben, sondern lediglich wundersame subjektive Schöpfungen seien. Im Gegensatz zu den Vorstellungen des Empirismus scheinen beide genannten ökonomischen Lehrsätze vielmehr logisch wahr zu sein und beziehen sich auf Ereignisse, die ihrem Wesen nach subjektiv sind. Und im Unterschied zu den Vorstellungen des Historizismus scheint es vielmehr so, dass das, was von jemandem behauptet wird, sich durchaus nicht vom Lauf der Geschichte getrennt betrachten lässt, und dass die begrifflichen Unterscheidungen, obwohl sie sich auf subjektive Ereignisse beziehen, trotzdem objektiv bestimmt sind und universal gültiges Wissen enthalten.

Wie die meisten der bekannten Ökonomen vor ihm, teilte auch Mises diese Intuitionen, ging jedoch bei seiner Suche nach den Grundlagen der Ökonomik noch weit über sie hinaus.[46] Er nahm die Herausforderung an, die von den Empiristen und Historizisten aufgeworfen wurde, und begann damit, systematisch die Grundlage zu rekonstruieren, auf der diese Intuitionen als richtig und begründet verstanden werden können. Damit wollte er keineswegs ein neues Lehrfach der Ökonomik ins Leben rufen. Doch indem er erklärte, was früher nur intuitiv erfasst worden war, ging Mises weit über das hinaus, was jemals diesbezüglich unternommen wurde. Durch seine Rekonstruktion der rationalen Grundlagen der bloß intuitiven Einsichten der Ökonomen vor ihm, wies er uns den richti-

---

46   Was die erkenntnistheoretischen Ansichten von Vorläufern wie Jean-Baptiste Say, Nassau William Senior, John E. Cairnes, John Stuart Mill, Carl Menger und Friedrich von Wieser betrifft, siehe Ludwig von Mises, *Grundprobleme der Nationalökonomie*, mises.at, Wien 2016, Kap. 1.1.7; ebenso Murray N. Rothbard, „Praxeology: The Methodology of Austrian Economics," in: Edwin Dolan (Hrsg.), *The Foundations of Modern Austrian Economics*, Sheed and Ward, Kansas City 1976.

gen Weg für jede zukünftige Entwicklung der Ökonomik
und bewahrte uns vor methodischem Irrtum.

Empirismus und Historizismus, so Mises, sind Lehrmeinungen, die sich selbst widersprechen.[47] Die empiristische
Vorstellung, dass alle Ereignisse, natürliche wie ökonomische, nur hypothetisch miteinander verbunden sind,
kann mit der Kernaussage dieses doch sehr grundlegenden
empiristischen Lehrsatzes nicht in Einklang gebracht werden: Wenn dieser Lehrsatz für hypothetisch wahr gehalten
wird, das heißt ein hypothetisch wahrer Lehrsatz in Bezug
auf hypothetisch wahre Lehrsätze ist, könnte er nicht einmal als eine erkenntnistheoretische Aussage bezeichnet
werden. Denn er würde uns keinerlei Begründung für die
Behauptung liefern, dass ökonomische Lehrsätze nicht
wahr sind und auch nicht dafür, dass sie kategorisch oder
a priori nicht wahr sein können, wohingegen uns unsere
Intuition mitteilt, dass sie es sehr wohl sind. Wenn jedoch
von dieser grundlegenden empiristischen Behauptung angenommen wird, dass sie selbst kategorisch wahr ist, das
heißt, dass jemand etwas a priori Wahres über die Art und
Weise, in der Ereignisse miteinander verbunden sind, aussagen kann, dann würde dies ihre ureigene Behauptung
widerlegen, dass nämlich empirisches Wissen ausnahmslos
hypothetisches Wissen sein muss und dies würde folglich
einer Disziplin wie der Ökonomik den Freiraum geben,
von sich zu behaupten, a priori gültiges empirisches Wissen zu produzieren. Auch die empiristische Behauptung,
dass ökonomische Phänomene, analog zu jenen in den

---

47 Zusätzlich zu den Arbeiten von Mises, die zu Beginn dieses Kapitels zitiert
wurden, und zusätzlich zur Literatur, die in Fußnote 41 erwähnt wurde, siehe
Murray N. Rothbard, *Individualism and the Philosophy of the Social Sciences*, Cato
Institute, San Francisco 1979; eine brillante philosophische Kritik der empiristi-
schen Ökonomik findet sich in Martin Hollis, Edward Nell, *Rational Economic
Man*, Cambridge University Press, Cambridge 1957; für wertvolle allgemeine
Verteidigungen des Rationalismus gegen den Emprisimus und Historizismus –
jedoch ohne Verweis auf die Ökonomik – siehe insbesondere Brand Blanshard,
Reason and Analysis, Open Court Publishing Company, LaSalle, Illinois 1964,
sowie Friedrich Kambartel, *Erfahrung und Struktur. Bausteine einer Kritik des
Empirismus und Formalismus*, Suhrkamp, Frankfurt am Main 1968.

Naturwissenschaften, als beobachtbare und messbare
Größen verstanden werden müssen, hat keinerlei Beweiskraft: Denn offenbar will uns der Empirismus, wenn er
uns darüber informiert, dass unsere ökonomischen Begriffe auf Beobachtungen beruhen, sinnvolles und aussa-
gekräftiges empirisches Wissen zur Verfügung stellen. Die
Begrifflichkeiten des Beobachtens und Messens jedoch, die
der Empirismus verwendet, um seinen Anspruch geltend
zu machen, sind offensichtlich selbst nicht aus der beobachtenden Erfahrung hergeleitet, so wie dies die Begriffe
von Hühnern und Eiern, Äpfeln und Birnen sind. Man
kann die Beobachtung oder Messung eines Beobachters
nicht beobachten. Vielmehr muss man zuerst einmal verstehen, was Beobachtungen und Messungen sind, um bestimmte beobachtbare Phänomene als eine Beobachtung
oder Messung interpretieren zu können. Im Gegensatz zu
seiner eigenen Lehre ist der Empirismus demnach gezwungen zuzugeben, dass es empirisches Wissen gibt, dass eher
auf dem Verstehen als auf Beobachtungen beruht, genauso
wie unserer Intuition zufolge auch ökonomische Lehrsätze behaupten, auf dem Verstand und dem Verstehen zu
beruhen.[48]

Was den Historizismus betrifft, so sind seine Selbstwidersprüche um nichts weniger evident. Wenn historische
und ökonomische Ereignisse, die der Historizismus eher
für Abläufe von subjektiv verstandenen als von beobach-
teten Ereignissen hält, nicht von irgendwelchen konstanten, zeitunabhängigen Zusammenhängen bestimmt sind,
dann kann besagte Lehre ebenso nicht von sich behaupten,
etwas konstant Wahres über Geschichte und Ökonomik
auszusagen. Statt dessen würde es eine Lehre sein, die gewissermaßen einen flüchtigen Wahrheitswert hat: Sie mag
wahr sein, wenn wir es wünschen, aber einen Augenblick
später auch wieder falsch, falls wir es nicht wünschen,

---

48   Für eine ausführliche Verteidigung des erkenntnistheoretischen Dualismus siehe auch Karl-Otto Apel, *Transformation der Philosophie*, zwei Bände,
Suhrkamp, Frankfurt am Main 1973, sowie Jürgen Habermas, *Zur Logik der Sozialwissenschaften*, Suhrkamp, Frankfurt am Main 1970.

womit niemand jemals irgendetwas darüber weiß, ob wir es wünschen oder nicht. Wenn die grundlegende historizistische Prämisse einen derartigen Status hat, könnte sie offensichtlich ebenso nicht als eine Erkenntnistheorie gelten. Denn der Historizismus würde uns keinerlei Grund geben, warum wir ihm irgendetwas glauben sollten. Wenn diesem grundlegenden Lehrsatz des Historizismus jedoch unterstellt wird, dass er unveränderlich wahr ist, dann würde ein derartiger Lehrsatz über die konstante Natur historischer und ökonomischer Phänomene seiner eigenen Lehre widersprechen, die die Existenz solcher Konstanten leugnet. Darüber hinaus wird die Behauptung der Historizisten – und erst recht die ihrer modernen Erben, der Hermeneutiker – dass historische und ökonomische Ereignisse bloß subjektive Schöpfungen sind und nicht von irgendwelchen objektiven Faktoren bestimmt werden, durch ihre eigene Aussage widerlegt. Denn klarerweise muss ein Historizist annehmen, dass seine Aussage bedeutungsvoll und wahr ist; er muss annehmen, dass er etwas Bestimmtes über etwas aussagt, zumindest eher, als dass er davon ausgeht, nur nichtssagende Laute von sich zu geben. Wenn dies jedoch der Fall ist, dann muss von seiner Aussage klarerweise angenommen werden, dass sie durch irgendetwas, das außerhalb des Bereichs beliebiger subjektiver Schöpfungen liegt, bestimmt wurde. Wenn historische und ökonomische Ausdrücke und Interpretationen als rein subjektive Schöpfungen betrachtet werden, dann kann ich das, was die Historizisten sagen, auch in englischer, deutscher und chinesischer Sprache sagen, oder in welcher Sprache auch immer. Aber was auch immer ich in welcher Sprache auch immer sage, von dem muss angenommen werden, das es von einer zugrunde liegenden, argumentativen Bedeutung meiner Aussage beschränkt wird, welche in jeder Sprache ein und dieselbe ist und komplett unabhängig davon, in welcher besonderen sprachlichen Form sie ausgedrückt wurde, existiert. Im Gegensatz zur Überzeugung der Historizisten ist die Existenz einer solchen Beschränkung keineswegs derart, dass man einfach nach Belieben über sie verfügen könnte, sondern sie ist vielmehr objektiv gegeben, und zwar insofern, als wir sie als eine logisch notwendige Voraussetzung dafür verstehen können, überhaupt irgendetwas Sinnvolles aussagen zu können, im Unterschied zur Produktion sinnloser Laute. Ein Historizist könnte nicht von sich behaupten, überhaupt irgendetwas zu sagen, wenn er nicht dem Umstand Rechnung tragen würde, dass seine Äußerungen und Interpretationen in Wirklichkeit sehr wohl von den Gesetzen der Logik abhängig sind, als die wesentliche Voraussetzung für bedeutungsvolle Aussagen schlechthin.[49]

Mit einer solchen Widerlegung des Empirismus und Historizismus, bemerkt Mises, sind die Ansprüche der rationalistischen Philosophie erfolgreich wieder hergestellt und es liegen Argumente dafür bereit, dass a priori wahre Aussagen, so wie es sie in der Ökonomik zu geben scheint, sehr wohl möglich sind. Mises hält seine erkenntnistheoretischen Untersuchungen ausdrücklich für eine Weiterführung der westlichen rationalistischen Philosophie. Gemeinsam mit Leibniz und Kant ist sein Denken der Tradition von Locke und Hume entgegengesetzt.[50] Mises ergreift Partei für Leibniz, wenn dieser Lockes berühmten Satz „Es ist nichts in unserem Verstand, was nicht zuvor schon in den Sinnen war" mit dem ebenso berühmten „... außer dem Verstand selbst" beantwortet. Und er versteht seine Funktion als Philosoph der Ökonomik streng analog zu jener von Kant, der ein Philosoph der reinen Vernunft, das heißt der Erkenntnistheorie war. Wie Kant will auch Mises die Existenz von wahren synthetischen Lehrsätzen a priori oder von Lehrsätzen, deren Wahrheit mit Sicherheit ermittelt werden kann, beweisen, auch wenn dazu die Mittel der formalen Logik unzureichend und Beobachtungen nicht erforderlich sind.

Der allgemeine Anspruch des Rationalismus wurde im Zuge meiner kritischen Untersuchung des Empirismus

---

49   Siehe dazu insbesondere Hans-Hermann Hoppe, „In Defense of Extreme Rationalism," *Review of Austrian Economics* 3, 1988.

50   Siehe dazu Ludwig von Mises, *Die Letztbegründung der Ökonomik*, mises.at, Wien 2016, 27.

und Historizismus unter Beweis gestellt. Bewiesen wurde,
dass wir uns Wissen aneignen können, das nicht aus Beobachtungen abgeleitet ist und dennoch von objektiven
Gesetzen bestimmt wird. Dieses Wissen, das ein synthe-
tisches Wissen a priori ist, ist in unserer Widerlegung des
Empirismus und Historizismus enthalten. Doch welche
konstruktive Arbeit ist nun zu leisten, um zu zeigen, dass
auch die Lehrsätze der Ökonomik – wie etwa das Gesetz
des abnehmenden Grenznutzens und die Quantitätstheorie des Geldes – zu diesem Typus von Wissen gehören? In
Übereinstimmung mit der traditionellen rationalistischen
Philosophie, so Mises, müssen ökonomische Lehrsätze
zwei Anforderungen erfüllen: Zum einen muss es möglich
sein, zu beweisen, dass sie nicht aus der Beobachtung abgeleitet sind. Denn die Beobachtung kann uns nur zeigen,
wie die Dinge sind. Es ist nichts in ihr, was uns darauf
hinweisen würde, warum die Dinge so sein müssen, wie
sie sind. Statt dessen muss gezeigt werden, dass ökonomische Lehrsätze auf dem reflexiven Denken und unserem
Verständnis von uns selbst als erkennende Subjekte beruhen. Und zum anderen muss dieses reflexive Denken zu
Lehrsätzen in Form von maßgeblichen selbst-evidenten
Axiomen führen, aber nicht in einem psychologischen
Sinn, so dass man sich diese Axiome unmittelbar bewusst
machen könnte oder ihre Wahrheit von einem Gefühl der
Überzeugung abhängen würde. Im Gegenteil: Wie schon
Kant vor ihm, hob Mises die Tatsache hervor, dass die Ent-
deckung solcher Axiome für gewöhnlich weitaus mühsa-
mer ist als die Entdeckung irgend einer zu beobachtenden
Tatsache, wie etwa, dass die Blätter auf den Bäumen grün
sind oder ich einen Meter und 84 Zentimeter groß bin.[51]
Was sie zu maßgeblichen selbst-evidenten Axiomen macht,
ist der Umstand, dass niemand ihre Gültigkeit bestreiten

---

51   Siehe dazu Immanuel Kant, *Kritik der reinen Vernunft*, in: Kant, *Werke in
sechs Bänden*, Bd. 2, herausgegeben von Wilhelm Weischedel, Insel-Verlag, Wiesbaden 1956, 45; ebenso Ludwig von Mises, Nationalökonomie, Philosophia Verlag, München 1980 (unveränderter Nachdruck der 1. Auflage. Editions Union,
1940), 19.

kann, ohne sich in Selbstwidersprüche zu verwickeln, weil
der Versuch, sie zu leugnen, ihre Gültigkeit bereits zur Voraussetzung hat.

Mises weist darauf hin, dass beide Anforderungen vom
Axiom des Handelns, wie er es nennt, das heißt vom Lehrsatz, dass Menschen handeln, dass sie absichtsvolles Verhalten zeigen, erfüllt werden.[52] Das Axiom des Handelns
ist nicht aus der Beobachtung abgeleitet – beobachten lassen sich bloß körperliche Bewegungen, nicht aber derartige
Dinge wie Handlungen – sondern stammt stattdessen aus
dem reflektierenden Verstehen, aus dem Verständnis eines
selbst-evidenten Lehrsatzes. Seine Wahrheit lässt sich nicht
leugnen, da der Akt des Leugnens selbst als eine Handlung
eingestuft werden muss. Aber ist das nicht trivial? Und
was hat die Ökonomik damit zu tun? Wir haben vorher
festgestellt, dass ökonomische Konzepte wie Preise, Kosten, Produktion, Geld, Kredit etc. mit der Tatsache zu
tun haben, dass es handelnde Menschen gibt. Aber dass
die gesamte Ökonomik auf einem derart trivialen Lehrsatz gegründet und rekonstruiert werden könnte, ist mit
Sicherheit alles andere als klar. Es ist eine der größten Leis-
tungen von Mises, dass er genau das gezeigt hat: dass in
diesem, psychologisch gesprochen, trivialen Axiom unausgesprochene Einsichten enthalten sind, die aber ihrerseits
nicht ebenfalls psychologisch selbst-evident sind und dass
es genau diese Einsichten sind, die die Grundlagen für die
Theoreme der Ökonomik als wahre synthetische Lehrsätze
a priori zur Verfügung stellen.

Es ist mit Sicherheit nicht psychologisch evident, dass
ein Handelnder mit jeder Handlung ein Ziel verfolgt
und dass, was auch immer das Ziel sein mag, allein die
Tatsache, dass ein Handelnder es verfolgt, verrät, dass er
einen relativ höheren Wert darauf gelegt hat als auf jedes
andere Handlungsziel, das er sich zu Beginn seiner Handlung denken konnte. Es ist keineswegs evident, dass ein

---

52   Zum Folgenden siehe insbesondere Ludwig von Mises, *Nationalökonomie*,
Erster Teil, Kapitel 3 sowie Murray N. Rothbard, *Man, Economy, and State*, Nash,
Los Angeles 1962, Kapitel 1.

Handelnder, um sein am höchsten bewertetes Ziel zu erreichen, zu einem früheren Zeitpunkt eingreifen muss oder
sich entscheiden muss, nicht einzugreifen – was freilich
ebenso ein absichtsvoller Eingriff ist – um zu einem späteren Zeitpunkt Resultate zu erzielen. Zudem ist keineswegs evident, dass solche Eingriffe stets die Verwendung
von knappen Mitteln erfordern, zumindest solche wie den
Körper des Handelnden, den Boden, auf dem er steht und
die Zeit, die sein Handeln in Anspruch nimmt. Es ist nicht
selbst-evident, dass diese Mittel für den Handelnden auch
einen Wert darstellen – einen Wert, der von dem des Zieles
abgeleitet ist – denn der Handelnde muss seine Tätigkeit ja
als unerlässlich dafür erachten, sein Ziel auch zu erreichen.
Es ist nicht selbst-evident, dass Handlungen nur folgerich-
tig ausgeführt werden können und stets eine Wahl mit sich
bringen, das heißt, dass jene Handlungsweise aufgegriffen
wird, die dem Handelnden zu einem gegebenen Zeitpunkt
die am höchsten bewerteten Resultate verspricht, was aber
gleichzeitig die Verfolgung anderer, weniger hoch bewer-
teter Ziele ausschließt. Es ist nicht unmittelbar klar, dass
jede Handlung – da man wählen und einer Handlung
gegenüber einer anderen den Vorzug geben muss; man
kann ja nicht alle Ziele gleichzeitig verwirklichen – Kosten verursacht und dass der Wert, der dem am höchsten
gereihten alternativen Ziel zugemessen wurde, das nicht
realisiert werden kann oder dessen Realisation aufgeschoben werden muss, einstweilen zurückgestellt werden muss,
weil die Mittel, die dazu nötig wären, um dieses Ziel zu
erreichen, in der Produktion eines anderen, noch höher
bewerteten Zieles gebunden sind. Und schließlich ist es
keineswegs evident, dass jedes Handlungsziel an seinem
Ausgangspunkt als wertvoller erachtet wird als die Kosten,
die es verursacht, und dass es der Handelnde dafür geeignet hält, einen Profit zu erzielen, das heißt ein Resultat zu
bekommen, dessen Wert höher gereiht ist als jener Wert,
der den aufgegebenen Möglichkeiten zugemessen wurde,
und dass ausnahmslos jede Handlung von der Möglichkeit eines Verlustes bedroht ist, wenn ein Handelnder im

Rückblick feststellt, dass das aktuell erzielte Resultat, im Gegensatz zu seinen Erwartungen, einen niedrigeren Wert als die aufgegebene Alternative hat.

All diese Kategorien, die wir als das Herzstück der Ökonomik kennen – Werte, Ziele, Mittel, Wahl, Präferenz, Kosten, Profit und Verlust – sind im Axiom des Handelns enthalten. Auch sie sind, wie das Axiom selbst, nicht aus der Erfahrung abgeleitet. Im Gegenteil: Dass man überhaupt dazu imstande ist, Beobachtungen im Sinne dieser Kategorien zu interpretieren, setzt voraus, dass man bereits weiß, was es heißt, zu handeln. Jemand, der selbst kein Handelnder wäre, könnte diese Kategorien niemals verstehen, weil sie nicht „gegeben" sind, nicht zur Beobachtung bereit stehen, sondern die beobachtende Erfahrung ihrerseits, so wie sie ein Handelnder interpretiert, in diese Begriffe eingegossen wird. Und obwohl sie und ihre wechselseitigen Verflechtungen offensichtlich nicht im Axiom des Handelns enthalten waren: Hat man sich einmal deutlich gemacht, dass sie sehr wohl enthalten sind und auf welche Weise sie enthalten sind, so hat man keine Schwierigkeiten mehr, zu erkennen, dass sie a priori wahr sind, in der selben Weise, wie es das Axiom des Handelns ist. Denn jeder Versuch, die Gültigkeit von dem zu widerlegen, was Mises aus dem Axiom des Handelns rekonstruiert hat, würde auf ein Ziel gerichtet werden müssen, Mittel erfordern, andere Handlungsabläufe ausschließen, Kosten verursachen sowie dem Handelnden ermöglichen, das ersehnte Ziel zu erreichen oder nicht zu erreichen und damit einen Profit zu erzielen oder einen Verlust zu erleiden. Demnach ist es offenkundig unmöglich, jemals die Gültigkeit dieser Einsichten zu bezweifeln oder zu falsifizieren. Vielmehr könnte eine Situation, in der die Kategorien des Handelns nicht mehr vorhanden wären, selbst niemals beobachtet werden, davon könnte nicht die Rede sein, weil das Beobachten und Sprechen selbst Handlungen sind.

Alle wahren ökonomischen Lehrsätze – und das ist der Sinn und Zweck der Praxeologie, das, was die große Einsicht von Mises ausmacht – können mit den Mitteln der formalen Logik aus diesem unanfechtbar wahren und wesentlichen Wissen über die Bedeutung des Handelns und seiner Kategorien abgeleitet werden. Oder präziser gesagt: Alle wahren ökonomischen Lehrsätze bestehen aus (a) einem Verständnis der Bedeutung des Handelns, (b) einer Situation oder einer situationsbedingten Veränderung und (c) einer logischen Ableitung der Folgen – wieder in Bezug auf die besagten Kategorien – die sich für einen Handelnden aus dieser Situation oder dieser situationsbedingten Veränderung ergeben. Das Gesetz des abnehmenden Grenznutzens etwa[53] resultiert aus unserem unbestreitbaren Wissen über die Tatsache, dass jeder Handelnde stets das, was ihn mehr befriedigt, gegenüber dem, was ihn weniger befriedigt, vorzieht, sowie aus der Annahme, dass er mit einer zusätzlichen Einheit eines Gutes (ein knappes Mittel) versorgt wird, dessen Einheiten er für gleichwertig hält. Daraus folgt mit logischer Notwendigkeit, dass diese zusätzliche Einheit nur als ein Mittel zur Beseitigung eines Unbehagens verwendet werden kann, das als weniger dringlich erachtet wird als das geringste Ziel, das sich bislang durch eine Einheit dieses Gutes erreichen ließ. Wenn der Prozess der Deduktion keinen Fehler enthält, müssen auch die Schlussfolgerungen, die das ökonomische Theoretisieren hervorbringt, a priori gültig sein – und so ist es auch bei jedem anderen ökonomischen Lehrsatz, der aus dem Gesetz des abnehmenden Grenznutzens folgt. Seine Gültigkeit geht letztlich auf nichts anderes zurück, als auf das unbestreitbare Axiom des Handelns selbst. Zu glauben, wie die Empiristen, dass diese Lehrsätze für ihre Validierung permanent empirisch überprüft werden müssten, ist schlichtweg absurd und ein Zeichen völliger intellektueller Verwirrtheit. Und es ist um nichts weniger absurd und verworren wie der Historizismus zu glauben, dass die Ökonomik über feste und unveränderliche Zusammenhänge nichts zu sagen hätte, sondern sich bloß mit zufälligen historischen Ereignissen beschäftigt. Dies

---

53 Zum Gesetz des Grenznutzens siehe Ludwig von Mises, *Nationalökonomie*, 84-95 sowie Rothbard, *Man, Economy, and State*, 268-271.

argumentativ zu behaupten, heißt im gleichen Atemzug
dieser Behauptung zu beweisen, dass sie falsch ist, weil jede
bedeutungsvolle Äußerung ein Handeln sowie ein Wissen
um die Bedeutung der Kategorien des Handelns bereits
zur Voraussetzung hat.

III

Dies sollte hier zur Erläuterung der Antwort von Mises auf die Frage nach den Grundlagen der Ökonomik genügen. Ich werde mich nun meinem zweiten Ziel zuwenden: der Erläuterung, weshalb und auf welche Weise die Praxeologie auch die Grundlage der Erkenntnistheorie liefert. Mises war sich dieser Tatsache bewusst und er war auch von der großen Bedeutung seiner Einsichten für die rationalistische Philosophie überzeugt, hat dieses Thema jedoch nicht systematisch weiter verfolgt. Es gibt dazu nicht mehr als bloß ein paar kurze Hinweise, die hie und da in sein umfangreiches Schrifttum eingestreut sind.[54] Demnach muss ich im Folgenden versuchen, Neuland zu betreten.

Ich werde meine Darlegung beginnen, indem ich ein zweites Axiom a priori einführe und seine Beziehung zum Axiom des Handelns erläutere. Diese Einsicht ist der Schlüssel dazu, unser Problem zu lösen. Das zweite Axiom ist das so genannte „Apriori der Argumentation", das aussagt, dass Menschen zur Argumentation fähig sind und deshalb über die Bedeutung von Wahrheit und Gültigkeit Bescheid wissen.[55] So wie dies auch schon beim Axiom des

---

54   Mises schreibt in *Die Letztbegründung der Ökonomik*, 54-56: „Von einem handlungsbezogenen Standpunkt aus gesehen, ist Erkenntnis ein Werkzeug des Handelns. Seine Funktion ist es, den Menschen dabei zu beraten, wie er in seinem Bestreben, seine Unzufriedenheit zu beseitigen, vorgehen soll. [...] Die Kategorie des Handelns ist die grundlegende Kategorie der menschlichen Erkenntnis. Sie beinhaltet alle Kategorien der Logik und die Kategorie von Ordnung und Kausalität. Sie beinhaltet die Kategorie der Zeit und die des Werts. [...] Beim Handeln sieht sich der Geist des Individuums selbst als verschieden von seiner Umgebung, der äußeren Welt, und versucht seine Umgebung zu studieren, um den Gang der Geschehnisse in ihr zu beeinflussen." Oder: „Beides, das apriorische Denken und Schließen auf der einen Seite und das menschliche Handeln auf der anderen, sind Erscheinungsformen der Vernunft. [...] Denken und Handeln sind gleichartig und homogen, zwei Aspekte desselben Phänomens." (ebd. 42). Er lässt diese Angelegenheit in diesem Stadium aber mehr oder weniger auf sich beruhen und kommt zu dem Schluss, dass „[e]s [...] nicht die Aufgabe der Praxeologie [ist], zu untersuchen, in welchem Verhältnis Denken und Handeln stehen" (*Nationalökonomie*, 25).

55   Zum Apriori der Argumentation siehe auch Karl-Otto Apel, *Transformation der Philosophie*, Bd. 2, Suhrkamp, Frankfurt am Main 1973.

Handelns der Fall war, ist dieses Wissen nicht aus der Beobachtung abgeleitet, da es nur ein verbales Verhalten ist, das beobachtet werden kann und vorheriges reflektierendes Erkenntnisvermögen erforderlich ist, um ein solches Verhalten als sinnvolle Argumentation zu interpretieren. Die Gültigkeit dieses Axioms ist unbestreitbar, so wie beim Axiom des Handelns. Es ist unmöglich zu leugnen, dass man argumentieren kann, denn der Akt des Leugnens wäre selbst eine Argumentation. Im Grunde kann man nicht einmal lautlos zu sich selbst sagen „Ich kann nicht argumentieren", ohne sich dabei selbst zu widersprechen. Man kann nicht argumentieren, dass man nicht argumentieren kann. Noch kann man abstreiten zu wissen, was es bedeutet, eine Behauptung über die Wahrheit oder Gültigkeit einer Aussage zu machen, ohne damit implizit zu behaupten, dass die Verneinung dieses Lehrsatzes wahr ist.

Es ist nicht schwierig zu erkennen, dass beide Apriori-Axiome – das des Handelns und das der Argumentation – aufs Engste miteinander in Beziehung stehen. Einerseits sind Handlungen grundlegender als Argumente, mit deren Existenz erst das Konzept der Gültigkeit aufkommt, weil das Argumentieren nur eine Teilkategorie des Handelns ist. Andererseits setzt das Erkennen dessen, was wir soeben in Bezug auf das Handeln und Argumentieren und ihren Zusammenhang erkannt haben, Argumentation voraus. Demnach muss die Argumentation für grundlegender erachtet werden als das Handeln: Ohne zu argumentieren könnte nichts, was man über das Handeln weiß, gesagt werden. Erst im Zuge der Argumentation tritt die – vor der Argumentation unbekannte – Einsicht zutage, dass die Möglichkeit zur Argumentation Handeln voraussetzt. Dies ist deshalb der Fall, weil Ansprüche auf Gültigkeit nur dann im Zuge einer Argumentation diskutiert werden können, wenn die Individuen bereits wissen, was es bedeutet, zu handeln und Wissen im Handeln umzusetzen. Folglich müssen sowohl die Bedeutung des Handelns im Allgemeinen und die des Argumentierens im Speziellen als

logisch notwendig miteinander verwobene Stränge eines
Wissens a priori gedacht werden.

Was diese Einsicht in die Wechselbeziehung zwischen
dem Apriori des Handelns und dem Apriori der Argumentation nahelegt, ist Folgendes: Traditionellerweise wurde
die Aufgabe der Erkenntnistheorie dahingehend begriffen,
zu formulieren, was a priori als wahr erkannt werden kann
und ebenso all jenes zu umreißen, von dem sich a priori
wissen lässt, das es nicht Gegenstand des apriorischen Wissens ist. Indem man begreift, wie wir es eben getan haben,
dass Wissensansprüche im Zuge einer Argumentation er-
hoben und entschieden werden und dass dies unleugbar
so ist, kann man nun die Aufgabe der Erkenntnistheorie
noch präziser rekonstruieren, nämlich einerseits nur solche Lehrsätze zu formulieren, welche argumentativ unbestreitbar sind und zwar insofern, als ihre Wahrheit bereits
in dem Umstand, dass man sein Argument vorgebracht
hat, enthalten ist und somit argumentativ nicht bestritten
werden kann, und andererseits den Umfang solch apriorischen Wissens vom Bereich jener Lehrsätze abzugrenzen,
deren Gültigkeit nicht in dieser Weise festgestellt werden
kann, sondern die für ihre Bestätigung noch zusätzliche,
kontingente Informationen verlangt oder überhaupt nicht
begründet werden kann und so, im pejorativen Sinn des
Begriffs, zu den bloß metaphysischen Aussagen gehört.

Was ist dennoch in eben dieser Tatsache des Argumentierens enthalten? Auf diese Frage liefert unsere Einsicht
in die unauflösbare Verbindung zwischen dem Apriori der
Argumentation und dem des Handelns eine Antwort: Auf
einer sehr allgemeinen Ebene kann argumentativ nicht
bestritten werden, dass das Argumentieren das Handeln
voraussetzt und dass die Argumente sowie das Wissen, das
in ihnen ausgedrückt ist, von Handelnden herrührt. Und
insbesondere kann folglich nicht bestritten werden, dass
das Wissen selbst eine Kategorie des Handelns ist, dass
seine Struktur von der besonderen Funktion, die es innerhalb der Handlungskategorien erfüllt, beschränkt werden
muss und dass die Existenz von solchen strukturellen

Beschränkungen niemals, durch welches Wissen auch immer, widerlegt werden kann.

Die Einsichten, die in der Praxeologie enthalten sind, müssen in diesem Sinne als die Grundlagen der Erkenntnistheorie betrachtet werden. Wissen ist eine Kategorie, die sich völlig von jenen Kategorien unterscheidet, die ich weiter oben erläutert habe, von den Zielen und Mitteln. Die Ziele, nach denen wir streben und die wir durch unsere Handlungen erreichen wollen sowie die Mittel, die wir einsetzen, um dies zu tun, sind beide knappe Werte. Die Werte, die unseren Zielsetzungen zugeordnet werden, sind dem Konsum unterstellt, werden im Zuge des Konsums vernichtet und zerstört und müssen deshalb ständig aufs Neue hervorgebracht werden. Die Mittel, die eingesetzt werden, müssen ebenso erwirtschaftet werden. Beim Wissen hingegen verhält es sich anders, unabhängig davon, ob man es für ein Mittel oder ein Ziel an sich hält. Selbstverständlich erfordert auch der Erwerb von Wissen knappe Mittel, zumindest den je eigenen Körper und Zeit. Doch wenn das Wissen erst einmal erworben ist, ist es nicht mehr länger knapp. Es kann weder verkonsumiert werden, noch können sich die Dienste, die es als ein Mittel leistet, erschöpfen. Wenn es einmal vorhanden ist, ist es eine unerschöpfliche Ressource und repräsentiert einen immerwährenden Wert, vorausgesetzt, dass es nicht einfach vergessen wird.[56] Doch Wissen ist kein frei verfügbares Gut in demselben Sinn, wie es unter normalen Umständen die Luft ist. Statt dessen ist es eine Kategorie des Handelns. Ganz anders als Luft, ist es nicht bloß ein geistiger Bestandteil jeder einzelnen Handlung, sondern bedarf, was noch wichtiger ist, im Unterschied zur Luft der Validierung, das heißt einer Gültigkeitsprüfung. Es muss unter Beweis stellen, dass es für einen Handelnden innerhalb der unveränderlichen Grenzen, die der kategorische Rahmen von Handlungen darstellt, eine positive Funktion erfüllt. Die

---

[56] Zu dieser grundsätzlichen ökonomischen Unterscheidung zwischen knappen Mitteln und Wissen siehe auch Ludwig von Mises, *Nationalökonomie*, 96 u. 606f.

Aufgabe der Erkenntnistheorie ist klarzustellen, was diese Grenzen sind und was man demnach über die Struktur des Wissens *an sich* wissen kann.

Obwohl die Anerkennung der praxeologischen Grenzen, die der Struktur des Wissens gesetzt sind, einem nicht unmittelbar von großer Bedeutung zu sein scheint, hat diese Einsicht aber doch ein paar äußerst wichtige Konsequenzen. Einerseits findet im Lichte dieser Einsicht eine immer wiederkehrende Schwierigkeit der rationalistischen Philosophie ihre Antwort. Es war ein üblicher Streit innerhalb des Rationalismus in der Leibniz-Kant Tradition, dass er eine Art Idealismus zu enthalten schien. Indem man realisierte, dass a priori wahre Lehrsätze unmöglich aus Beobachtungen abgeleitet werden konnten, beantwortete der Rationalismus die Frage, wie apriorisches Wissen dann überhaupt möglich sein könne, indem er das Modell eines aktiven Verstandes einführte, im Unterschied zum empiristischen Modell eines passiven, spiegelartigen Verstandes in der Tradition von Locke und Hume. Der rationalistischen Philosophie zufolge hatten a priori wahre Lehrsätze ihre Grundlage in der Tätigkeit der Grundprinzipien des Denkens, die man sich unmöglich anders als agierend vorstellen konnte; sie waren begründet in Kategorien eines aktiven Verstandes. Die naheliegende Kritik an einer solchen Position ist nun, wie die Empiristen nicht müde wurden zu betonen, dass, wenn dies tatsächlich der Fall ist, nicht erklärt werden könnte, warum dann diese verstandesmäßigen Kategorien der Realität entsprechen sollten. Vielmehr wäre man gezwungen, die absurde idealistische Anschauung zu akzeptieren, dass die Realität als eine Schöpfung des Verstandes aufgefasst werden müsste, um die Behauptung, das apriorische Wissen könne irgendeine Information über die Struktur der Realität erfassen, aufrecht erhalten zu können. Eine derartige Behauptung scheint eindeutig gerechtfertigt zu sein, wenn sie mit programmatischen Aussagen rationalistischer Philosophen wie der folgenden von Kant konfrontiert wird „Bisher nahm man an, alle unsere Erkenntnis müsse sich nach den Gegenständen richten", stattdessen sollte angenommen werden, dass „die Gegenstände [...] sich nach unserer Erkenntnis richten."[57]

Das Wissen durch seine Rolle im Rahmen der Handlungskategorien als strukturell beschränkt zu begreifen, bietet uns in diesem Streitfall eine Lösung an. Denn sobald man dies eingesehen hat, verschwinden alle idealistischen Bedenken gegenüber der rationalistischen Philosophie. Die Erkenntnistheorie, welche die Existenz von a priori wahren Lehrsätzen behauptet, wird dann zu einer realistischen Erkenntnistheorie. Wenn die Erkenntnistheorie als von den Handlungskategorien beschränkt verstanden wird, ist die scheinbar unüberbrückbare Kluft zwischen der Welt des Geistigen auf der einen Seite und der realen, äußeren physischen Welt auf der anderen, überbrückt. Denn derart beschränkt, muss das apriorische Wissen ebenso sehr eine geistige Angelegenheit sein wie eine Reflexion der Struktur der Realität, da es nur das Handeln ist, durch das der Verstand mit der Realität sozusagen in Kontakt kommt. Handeln ist eine erkenntnisgeleitete Anpassung eines physischen Körpers in der physischen Realität. Demnach kann kein Zweifel darüber bestehen, dass apriorisches Wissen – gedacht als eine Einsicht in die strukturellen Grenzen, die dem Wissen als einem Wissen von Handelnden auferlegt wurden – in der Tat mit der Natur der Dinge korrespondieren muss. Der realistische Charakter eines solchen Wissens würde sich nicht nur in der Tatsache zeigen, dass man nicht *denken* könnte, dass es anders ist, sondern ebenso in dem Umstand, dass man seine Wahrheit nicht *ungeschehen machen* könnte.

---

57 Immanuel Kant, *Kritik der reinen Vernunft, Vorrede zur zweiten Auflage*, in: Immanuel Kant, *Werke in sechs Bänden*, Bd. 2, herausgegeben von Wilhelm Weischedel, Insel-Verlag, Wiesbaden 1956, 25. Ob eine derartige Interpretation von Kants Erkenntnistheorie allerdings richtig ist, ist freilich eine andere Frage. Dieses Problem kann an dieser Stelle nicht weiter erläutert werden. Für eine aktivistische oder konstruktivistische Interpretation der Philosophie Kants siehe Friedrich Kambartel, *Erfahrung und Struktur. Bausteine einer Kritik des Empirismus und Formalismus*, Suhrkamp, Frankfurt am Main 1968, Kapitel 3, sowie Hans-Hermann Hoppe, *Handeln und Erkennen. Zur Kritik des Empirismus am Beispiel der Philosophie David Humes*, Herbert Lang, Bern 1976.

Es gibt jedoch noch weitere spezifische Folgerungen, die mit dem Verstehen der praxeologischen Grundlagen der Erkenntnistheorie verbunden sind – abgesehen von der einen generellen, dass dadurch, dass das traditionelle rationalistische Modell eines aktiven Verstandes durch das Modell eines handelnden Verstandes, der mittels seines physischen Körpers handelt, ersetzt wird, das apriorische Wissen umgehend zu einem realistischen Wissen wird (und zwar derart realistisch, dass es so verstanden werden kann, dass es im wahrsten Sinne des Wortes nicht mehr ungeschehen zu machen ist). Insbesondere wird im Lichte dieser Einsicht jenen bedauerlich wenigen rationalistischen Philosophen entschiedener Rückhalt gegeben, die – entgegen dem empirischen Zeitgeist – an unterschiedlichen philosophischen Fronten hartnäckig die Ansicht verteidigt haben, dass a priori wahre Lehrsätze über die reale Außenwelt möglich sind.[58] Darüber hinaus werden diese verschiedenartigen rationalistischen Bemühungen vor dem Hintergrund der Anerkennung der praxeologischen Grenzen, die der Struktur des Wissens gesetzt sind, systematisch in einen vereinheitlichten Corpus der rationalistischen Philosophie integriert.

Wenn man Wissen ausdrücklich so versteht, dass es im Rahmen der Argumentation, als einer besonderen Kategorie des Handelns, sichtbar wird, dann wird unmittelbar klar, warum die beständige rationalistische Forderung,

58   Zusätzlich zu jenen Arbeiten, die in Fußnote 47 erwähnt wurden, siehe Brand Blanshard, *The Nature of Thought*, Allen and Unwin, London 1921; Morris Cohen, *Reason and Nature*, Harcourt Brace, New York 1931; ders.: *Preface to Logic*, Holt, New York 1944; Arthur Pap, *Semantics and Necessary Truth*, Yale University Press, New Haven, Connecticut 1958; Saul Aaron Kripke, „Naming and Necessity," in: Donald Davidson and Gilbert Harman (Hrsg.), *Semantics of Natural Language*, Reidel, New York 1972; Hugo Dingler, *Die Ergreifung des Wirklichen*, Eidos-Verlag, München 1955; ders., *Aufbau der exakten Fundamentalwissenschaft*, Eidos-Verlag, München 1964; Wilhelm Kamlah und Paul Lorenzen, *Logische Propädeutik*, Bibliographisches Institut, Mannheim 1968; Paul Lorenzen, *Methodisches Denken*, Suhrkamp, Frankfurt am Main 1968; ders.: *Normative Logic and Ethics*, Bibliographisches Institut, Mannheim 1969; Karl-Otto Apel, *Transformation der Philosophie*, zwei Bände, Suhrkamp, Frankfurt am Main 1973.

dass die Gesetze der Logik – beginnend mit den grund-
legendsten, das heißt jenen der Aussagenlogik sowie der
Junktoren („und", „oder", „wenn-dann", „nicht") und
Quantoren („es gibt", „alle", „einige") – a priori wahre
Lehrsätze über die Realität sind und nicht bloß verbale
Vereinbarungen über die Transformationsregeln von will-
kürlich gewählten Zeichen, wie dies die Empiristen und
Formalisten behaupten, in der Tat korrekt ist. Sie sind
ebenso sehr Gesetze des Denkens wie Gesetze der Realität,
weil es Gesetze sind, die ihre Letztbegründung im Handeln haben und von keinem Handelnden widerrufen werden können. In ausnahmslos jeder Handlung erkennt ein
Handelnder irgendeine spezielle Situation und klassifiziert
sie eher auf die eine als auf die andere Weise, damit er eine
Wahl treffen kann. Das ist es, was letztlich die Struktur
selbst der elementarsten Lehrsätze (wie „Sokrates ist ein
Mensch") erklärt, die aus einem Eigennamen oder irgend-
einem kennzeichnenden Ausdruck für etwas zu Benennen-
des oder Bestimmendes bestehen sowie einem Prädikat,
um irgendeine spezifische Eigenschaft des benannten oder
bestimmten Objekts zu behaupten oder zu bestreiten. Und
dies erklärt auch die Eckpfeiler der Logik: das Gesetz der
Identität und das Gesetz des Widerspruchs. Es ist gerade
diese universale Eigenschaft des Handelns und Wählens,
die ebenso unser Verständnis der Kategorien „es gibt" und
„alle" und, durch logische Schlussfolgerung, auch „einige"
sowie „und", „oder", „wenn-dann" und „nicht" erklärt.[59]

59 Zur rationalistischen Interpretation der Logik siehe Brand Blanshard,
Reason and Analysis, Open Court Publishing Company, LaSalle, Illinois 1964,
Kapitel 6 u. 10; Paul Lorenzen, *Einführung in die operative Logik und Mathematik*, Springer, Frankfurt am Main 1970; Konrad Lorenz, *Elemente der Sprachkri-
tik*, Suhrkamp, Frankfurt am Main 1970; ders.: „Die dialogische Rechtfertigung
der effektiven Logik," in: Friedrich Kambartel, Jürgen Mittelstrass (Hrsg.), *Zum
normativen Fundament der Wissenschaft*, Athenäum Verlag, Frankfurt am Main
1973.
    Zum propositionalen Charakter der Sprache wie der Erfahrung siehe insbeson-
dere Wilhelm Kamlah und Paul Lorenzen, *Logische Propädeutik*, Bibliographisches Institut, Mannheim 1968, Kapitel 1; Paul Lorenzen, *Normative Logic and
Ethics*, Bibliographisches Institut, Mannheim 1969, Kapitel 1. Lorenzen schreibt
(eigene Übersetzung): „Ich nenne einen Sprachgebrauch eine Konvention, wenn

Man kann freilich *sagen*, dass etwas „a", oder „nicht-a", zur gleichen Zeit sein kann oder dass „und" eher dieses als jenes meint. Aber man kann das Gesetz vom Widerspruch *nicht rückgängig* machen; und man kann auch die tatsächliche Definition von „und" nicht rückgängig machen. Denn wir bekräftigen beständig das Gesetz des Widerspruchs lediglich aufgrund des Handelns mit einem physischen Körper in einem physischen Raum und wir entfalten beständig

ich einen anderen Sprachgebrauch kenne, den ich stattdessen akzeptieren könnte. [...] Aber ich kenne kein anderes Verhalten, das die Verwendung von elementaren Sätzen ersetzen könnte. Wenn ich Eigennamen gar nicht wissen, wie ich überhaupt sprechen soll. [...] Jeder Eigenname ist eine Konvention [...] aber Eigennamen überhaupt zu verwenden, ist keine Konvention: es ist ein einzigartiges Muster sprachlichen Verhaltens. Daher werde ich es ‚logisch' nennen. Dasselbe gilt für die Prädikatoren. Jeder Prädikator ist eine Konvention. Das zeigt sich allein dadurch, dass es mehr als eine natürliche Sprache gibt. Aber alle Sprachen verwenden Prädikatoren." (ebd. 16). Siehe ebenso Jürgen Mittelstrass, „Die Prädikation und die Wiederkehr des Gleichen," in: Hans-Georg Gadamer (Hrsg.), *Das Problem der Sprache (VIII. Deutscher Kongreß für Philosophie)*, Wilhelm Fink Verlag, Heidelberg 1966, 87-95.

Zum Gesetz der Identität und des Widerspruchs siehe insbesondere Brand Blanshard, *Reason and Analysis*, Open Court Publishing Company, LaSalle, Illinois 1964, 276ff. sowie 423ff.

Für eine kritische Beurteilung der drei- oder mehrwertigen Logiken, die entweder als inhaltsleerer symbolischer Formalismus gelten können oder logischerweise das Verständnis der traditionellen zweiwertigen Logik zur Voraussetzung haben, siehe Wilhelm Stegmüller, *Hauptströmungen der Gegenwartsphilosophie*, Bd. 2, Kröner, Stuttgart 1975, 182-191, sowie Brand Blanshard, *Reason and Analysis*, 269-275. Was zum Beispiel die mehrwertige oder offen-strukturierte Logik betrifft, die von Friedrich Waismann vorgeschlagen wurde, so merkt Blanshard an (eigene Übersetzung): „Wir können Dr. Waismann - und Hegel - nur zustimmen, dass die Schwarz-Weiß-Unterscheidungen der formalen Logik dem lebendigen Denken ziemlich unangemessen sind. Aber warum sollte man, wie Dr. Waismann ausführt, behaupten, dass man im Aufgreifen einer differenzierteren Logik ein alternatives System annimmt, das mit der Schwarz-Weiß-Logik unvereinbar ist? Waismann hat erkannt, dass es innerhalb der älteren Bedeutung des Wortes ‚nicht' eine gewisse Anzahl von Abstufungen gibt. Wir zweifeln nicht daran, dass es solche Abstufungen gibt, und es gibt gewiss noch viele weitere, wenn man sich eingehend darum kümmert, so viele, wie man möchte. Trotzdem ist die Verfeinerung der älteren Logik keinesfalls mit ihrer Preisgabe gleichzusetzen. Es ist nach wie vor wahr, dass die Farbe, die ich gestern gesehen habe, entweder eine gewisse Abstufung von Gelb war oder nicht, selbst wenn dieses ‚nicht' eine Vielzahl von Annäherungen umfassen sollte und selbst wenn ich niemals wissen werde, welche Abstufung ich gesehen habe." (ebd. 273f.).

unser wahres konstruktives Wissen über die Bedeutung von „und" und „oder".

In ähnlicher Weise wird auch der letzte Grund dafür erkennbar, warum die Arithmetik eine apriorische und trotzdem empirische Disziplin ist, wie dies die Rationalisten von jeher angenommen haben. Die vorherrschende empiristisch-formalistische Orthodoxie begreift die Arithmetik als eine Manipulation von beliebig definierten Zeichen, die in Abhängigkeit von beliebig vereinbarten Transformationsregeln stehen. Demnach habe die Arithmetik nicht die geringste empirische Bedeutung. Dieser Sichtweise entsprechend, für die die Arithmetik, so anspruchsvoll sie auch sein mag, offensichtlich nur ein Spiel ist, ist die erfolgreiche Anwendung der Arithmetik in der Physik eine intellektuelle Verwirrung. Und in der Tat würden die Empiristen und Formalisten diesen Umstand schlicht als ein übernatürliches Ereignis erklären müssen. Dass es sich hier um kein Wunder handelt, wird völlig klar, wenn man einmal den praxeologischen oder – um die Terminologie des namhaftesten rationalistischen Philosophen und Mathematikers Paul Lorenzen und seiner Schule zu verwenden – operativen oder konstruktivistischen Charakter der Arithmetik verstanden hat. Die Arithmetik, als eine aprioristisch-synthetische intellektuelle Disziplin, ist in unserem Verständnis der Wiederholung verwurzelt, der Wiederholung des Handelns. Genau genommen beruht sie auf unserem Verständnis der Bedeutung von „mach dies – und mach dies noch einmal, indem du vom gegenwärtigen Resultat ausgehst". Demnach beschäftigt sich die Arithmetik mit realen Dingen: mit konstruierten oder konstruktiv ermittelten Einheiten von etwas. Sie zeigt auf, welche Beziehungen zwischen solchen Einheiten gelten sollen, aufgrund der Tatsache, dass sie entsprechend der Regel der Wiederholung konstruiert worden sind. Wie Paul Lorenzen detailliert nachgewiesen hat, kann nicht alles, was sich derzeit als Mathematik darstellt, konstruktiv begründet werden – und diese Teile der Mathematik sollten dann selbstverständlich als das erkannt werden, was sie

tatsächlich sind: erkenntnistheoretisch wertlose und bloß
symbolische Spielereien. All jenes mathematische Hand-
werkszeug jedoch, das tatsächlich in der Physik zur Anwendung kommt, das heißt das Werkzeug der klassischen
Analysis, kann konstruktiv hergeleitet werden. Hierbei
handelt es sich nicht um empirisch leere Symbolismen,
sondern um wahre Lehrsätze über die Realität. Sie sind
auf alles anwendbar, insofern es aus einem oder mehreren
deutlich voneinander unterscheidbaren Elementen besteht, und insofern, als die Einheiten durch das Verfahren
des „mach es noch einmal, konstruiere oder identifiziere
eine weitere Einheit, indem du die vorhergehende Ope-
ration wiederholst" konstruiert oder identifiziert sind.[60]
Nochmals: Man kann selbstverständlich *sagen*, dass 2 und
2 manchmal 4, manchmal aber auch 2 oder 5 Einheiten
ergibt, und in der beobachtbaren Realität, bei Löwen plus

60   Zur rationalistischen Interpretation der Arithmetik siehe Blanshard, *Reason and Analysis*, 427-431; zur konstruktivistischen Fundierung der Arithmetik
siehe im Speziellen Paul Lorenzen, *Einführung in die operative Logik und Mathematik*; ders., *Methodisches Denken*, Kapitel 6 u. 7; ders., *Normative Logic and
Ethics*, Kapitel 4; zur konstruktivistischen Fundierung der klassischen Analysis
siehe Lorenzen, *Differential und Integral: Eine konstruktive Einführung in die klassische Analysis*, Akademische Verlagsgesellschaft, Frankfurt am Main 1965; eine
brillante allseitige Kritik des mathematischen Formalismus findet sich in Kambartel, *Erfahrung und Struktur*, Kapitel 6, insbesondere 236-242; zur Irrelevanz
von Gödels berühmtem Theorem für eine konstruktiv begründete Arithmetik
siehe Lorenzen, *Metamathematik*, Bibliographisches Institut, Mannheim 1962;
ebenso Christian Thiel, „Das Begründungsproblem der Mathematik und die
Philosophie," in: Friedrich Kambartel, Jürgen Mittelstrass (Hrsg.), *Zum normativen Fundament der Wissenschaft*, Athenäum Verlag, Frankfurt am Main 1973,
insbesondere 99-101. Kurt Gödels Beweis – der, als Beweis, die rationalistische
Behauptung der Möglichkeit eines Wissens a priori im Übrigen eher unterstützt
als unterminiert – demonstriert nur, dass das Programm des frühen Formalisten Hilbert nicht erfolgreich durchgeführt werden kann, denn um die Konsistenz von bestimmten axiomatischen Theorien zu demonstrieren, muss man eine
Metatheorie mit noch stärkeren arithmetischen Mitteln haben als jenen, die
in der Objekt-Theorie selbst formalisiert wurden. Interessanterweise haben die
Schwierigkeiten des formalistischen Programms den alten Hilbert schon einige
Jahre vor Gödels Beweis von 1931 dazu veranlasst, die Notwendigkeit zu erkennen, wieder eine substanzielle Interpretation der Mathematik à la Kant einzu-
führen, was ihren Axiomen eine Grundlage und Rechtfertigung geben würde,
die gänzlich unabhängig von irgendwelchen Nachweisen formaler Konsistenz ist.
Siehe dazu Kambartel, *Erfahrung und Struktur*, 185-187.

Lämmern oder bei Löwen plus Hasen, mag das sogar richtig sein.[61] Doch in der Realität des Handelns, beim Identifizieren und Konstruieren dieser Einheiten aus sich wiederholenden Abläufen, kann die Wahrheit, dass 2 plus 2 nie etwas anderes als 4 ist, unmöglich revidiert werden.

Zudem werden im Lichte unserer Einsicht in die praxeologischen Grenzen des Wissens auch die alten rationalistischen Behauptungen unterstützt, dass die Geometrie, das heißt die euklidische Geometrie apriorischen Ursprungs ist und dennoch empirisches Wissen über den Raum enthält. Seit der Entdeckung der nicht-euklidischen Geometrien und im Speziellen seit Einsteins Relativitätstheorie der Gravitation, ist die heute übliche Vorstellung von der Geometrie, wieder einmal, die der Empiriker und Formalisten. Konzipiert wird eine Geometrie, die entweder Teil der empirischen, aposteriorischen Physik ist oder einem empirisch inhaltsleeren Formalismus gleichkommt. Dass die Geometrie jedoch entweder lediglich ein Spiel sein soll oder für immer der empirischen Überprüfung unterworfen werden muss, ist unvereinbar mit der Tatsache, dass die euklidische Geometrie das Fundament der Ingenieurswissenschaften und des Bauwesens ist und dass niemand jemals daran denkt, dass derartige Lehrsätze bloß hypothetisch wahr sein könnten.[62] Das Wissen als praxeologisch begrenzt zu verstehen, erklärt, warum die empiristisch-formalistische Sichtweise falsch und warum der empirische Erfolg der euklidischen Geometrie nicht bloß Zufall ist. Räumliches Wissen ist im Begriffsinhalt des Handelns mit eingeschlossen. Handeln ist die Verwendung eines physischen Körpers im Raum. Ohne zu handeln, gäbe es kein Wissen über räumliche Verhältnisse und kein Messen. Zu messen bedeutet, etwas mit einem Standard bzw.

---

61 Beispiele dieser Art werden von Karl Popper verwendet, um die rationalistische Vorstellung zu „entkräften", dass es sich bei den Regeln der Arithmetik um Gesetze der Realität handelt. Siehe Karl Popper, *Conjectures and Refutations*, Routledge and Kegan Paul, London 1969, 211.

62 Siehe dazu auch Ludwig von Mises, *Die Letztbegründung der Ökonomik*, 27-30.

Maßstab in Beziehung zu bringen. Ohne Standards gibt es kein Messen; und demnach gibt es auch kein Messen, das jemals den Standard falsifizieren könnte. Offensichtlich muss der letzte Standard von den Normen bereitgestellt werden, welche der Konstruktion der körperlichen Bewegungen im Raum und der Messinstrumente zugrunde liegen und welche mit Hilfe des je eigenen Körpers und in Übereinstimmung mit den Prinzipien der räumlichen Konstruktionen, die in ihm zum Ausdruck gebracht sind, entwickelt wurden. Die euklidische Geometrie, wie erneut insbesondere Paul Lorenzen dargelegt hat, ist nicht mehr aber auch nicht weniger als die Rekonstruktion der idealen Normen, die unserer Entwicklung von derart homogenen und elementaren Formen wie Punkten, Linien, Flächen und Entfernungen zugrunde liegen, welche auf eine mehr oder weniger perfekte, aber stets perfektionierbare Art und Weise in selbst unseren primitivsten Instrumenten für das räumliche Messen, wie etwa einer Messlatte, eingebaut und in die Praxis umgesetzt sind. Logischerweise können diese Normen und normativen Implikationen nicht durch das Ergebnis irgendeiner empirischen Messung falsifiziert werden. Im Gegenteil: Ihre kognitive Gültigkeit wird durch den Umstand begründet, dass ja gerade sie es sind, die physikalische Messungen im Raum erst ermöglichen. Jede tatsächliche Messung muss die Gültigkeit der Normen, die zur Konstruktion der jeweiligen Messstandards geführt haben, bereits zur Voraussetzung haben. In diesem Sinne ist die Geometrie eine Wissenschaft a priori und muss gleichzeitig als eine empirisch sinnvolle Disziplin erachtet werden, denn sie ist nicht bloß die Voraussetzung für jede empirische räumliche Beschreibung, sondern ebenso die Voraussetzung für jede aktive Orientierung im Raum.[63]

63   Zum aprioristischen Charakter der euklidischen Geometrie siehe Paul Lorenzen, *Methodisches Denken*, Kapitel 8 u. 9; ders., *Normative Logic and Ethics*, Kapitel 5; Hugo Dingler, *Die Grundlagen der Geometrie*, Enke, Stuttgart 1933; zur euklidischen Geometrie als notwendige Voraussetzung objektiver, das heißt intersubjektiv mitteilbarer, Messungen und insbesondere jeder empirischen Verifikation der nicht-euklidischen Geometrien (schließlich müssen die Linsen der Teleskope, die man dazu verwendet, Einsteins Theorie bezüglich der

In Anbetracht der Erkenntnis des praxeologischen Charakters des Wissens werden diese Einsichten in das Wesen der Logik, Arithmetik und Geometrie in ein System des erkenntnistheoretischen Dualismus eingebunden.[64] Die letzte Rechtfertigung für diese dualistische Position, das heißt die Behauptung, dass es grundsätzlich zwei Bereiche der geistigen Forschung gibt, die a priori so verstanden werden können, dass sie kategorisch unterschiedliche Methoden der Behandlung und Analyse erfordern, liegt ebenso in der praxeologischen Natur des Wissens. Sie lässt uns verstehen, warum wir zwischen einem Bereich von Objekten, die kausal bestimmt werden und einem Bereich, der stattdessen teleologisch bestimmt ist, differenzieren müssen.

Ich habe im Zuge meiner Erläuterungen zur Praxeologie bereits kurz darauf hingewiesen, dass die *Kausalität* eine Kategorie des Handelns ist. Das Konzept der Kausalität, dass es konstante, zeitlich unabhängige Handlungsgründe gibt, die es erlauben, vergangene Beobachtungen über den Zusammenhang von Ereignissen in die Zukunft zu projizieren, ist etwas (wie der Empirismus seit Hume festgestellt hat), das keinerlei auf Beobachtung basierende Grundlage

---

nicht-euklidischen Struktur des physikalischen Raumes zu bestätigen, gemäß den euklidischen Prinzipien konstruiert werden) siehe Kambartel, *Erfahrung und Struktur*, 132f; Peter Janich, *Die Protophysik der Zeit*, Bibliographisches Institut, Mannheim 1969, 45-50; ders., „Eindeutigkeit, Konsistenz und methodische Ordnung," in: Friedrich Kambartel und Jürgen Mittelstrass (Hrsg.), *Zum normativen Fundament der Wissenschaft*, Athenäum Verlag, Frankfurt am Main 1973.

Dem Vorbild Hugo Dinglers folgend, entwickelten Paul Lorenzen und andere Mitglieder der sogenannten Erlanger Schule ein System der Protophysik, das alle aprioristischen Annahmen der empirischen Physik enthält, abgesehen von der Geometrie auch die Chronometrie und die Hylometrie (das heißt die klassische Mechanik ohne Gravitation oder „rationale" Mechanik): „Geometrie, Chronometrie und Hylometrie sind Theorien a priori, welche empirische Messungen des Raumes, der Zeit und der Materie ‚möglich' machen. Sie müssen bewiesen sein, bevor noch die Physik im modernen Sinne einer empirischen Wissenschaft mit hypothetischen Kraftfeldern beginnen kann. Deshalb möchte ich diese Disziplinen mit einem gemeinsamen Namen bezeichnen: Protophysik.", in: Lorenzen, Normative Logic and Ethics, 60 (eigene Übersetzung).

64   Zum fundamentalen Charakter des erkenntnistheoretischen Dualismus siehe auch Ludwig von Mises, *Theorie und Geschichte*, H. Akston Verlags GmbH, München 2014,, 1f.

hat. Man kann das verbindende Element zwischen den Beobachtungen nicht beobachten. Selbst wenn man dies könnte, würde eine solche Beobachtung nicht beweisen, dass es sich um einen zeitlich unabhängigen Zusammenhang handelt. Statt dessen muss das Prinzip der Kausaliät als in unserem Verständnis des Handelns enthalten verstanden werden, als ein Eingriff in die beobachtbare Welt, mit der Absicht, den „natürlichen" Lauf der Ereignisse umzuleiten, um eine andersgeartete, bevorzugte Situation herzustellen, das heißt, dass man Dinge geschehen lässt, die sonst nicht geschehen wären, was somit die Vorstellung von Ereignissen zur Voraussetzung hat, die durch zeitlich unabhängige Handlungsgründe miteinander verbunden sind. Ein Handelnder mag sich hinsichtlich seiner speziellen Annahmen darüber irren, welche frühere Beeinflussung welches spätere Ergebnis hervorgebracht hat. Doch erfolgreich oder nicht: Jede Handlung, sei sie nun im Lichte ihres vorherigen Erfolgs oder Misserfolgs verändert oder nicht, hat zur Voraussetzung, dass es konstant miteinander verbundene Ereignisse *als solche* gibt, selbst wenn niemals eine bestimmte Ursache für irgendein bestimmtes Ereignis von einem Handelnden im Voraus gewusst werden kann. Ohne eine solche Annahme wäre es unmöglich, überhaupt festzustellen, ob sich zwei oder mehrere Beobachtungserfahrungen wechselseitig falsifizieren oder bestätigen, anstatt sie als logisch unvereinbare Ereignisse zu interpretieren. Nur aufgrund der Tatsache, dass die Existenz von zeitlich unabhängigen Handlungsgründen *als solchen* bereits vorausgesetzt wurde, kann man überhaupt auf spezielle Fällen mit bestätigenden oder falsifizierenden empirischen Belegen treffen oder kann es überhaupt einen Handelnden geben, der etwas aus vergangener Erfahrung lernen kann, indem er seine Handlungen und damit sein vorhergehendes Wissen als erfolgreich bestätigt oder als erfolglos widerlegt. Nur aufgrund des Handelns und des Unterscheidens zwischen Erfolgen und Fehlschlägen konnte sich die apriorische Gültigkeit des Kausalitätsprinzips etablieren;

selbst wenn man es versuchen würde, würde man seine
Gültigkeit nicht erfolgreich zurückweisen können.[65]

Indem die Kausalität als eine notwendige Voraussetzung
des Handelns verstanden wird, ist auch unmittelbar klar,
dass ihr Geltungsbereich a priori von jenem der Kategorie der Teleologie abgegrenzt werden muss. Freilich stehen
beide Kategorien grundsätzlich für sich, sind jedoch aufeinander abgestimmt. Handeln setzt eine kausal struk-
turierte, beobachtbare Realität voraus. Doch die Realität
des Handelns, die wir so verstehen können, dass sie solche
Strukturen erfordert, ist selbst nicht kausal strukturiert.
Statt dessen ist sie eine Realität, die teleologisch bestimmt
werden muss, als ein absichtsvolles und ebenso sinnvolles
Verhalten. Die Ansicht, dass es zwei kategorisch verschiedene Sphären von Phänomenen gibt, kann man weder
bestreiten noch rückgängig machen, denn solche Versuche würden zur Voraussetzung haben, dass kausal durch
Handlungen verbundene Ereignisse innerhalb der beobachtbaren Realität tatsächlich stattfinden, sowie dass eher
intentional als kausal verbundene Phänomene existieren,
um derart beobachtbare Ereignisse so interpretieren zu
können, als würden sie etwas leugnen. Weder ein kausaler
noch ein teleologischer Monismus könnte gerechtfertigt
werden, ohne in einen offenen Widerspruch zu geraten:

65   Zum aprioristischen Charakter der Kategorie der Kausalität siehe Lud-
wig von Mises, *Nationalökonomie*, Erster Teil, Kapitel 1; Hans-Hermann Hoppe,
Kritik der kausalwissenschaftlichen Sozialforschung; ders., *Is Research Based on
Causal Scientific Principles Possible in the Social Sciences?*; zum Kausalitätsprinzip
als eine notwendige Voraussetzung insbesondere auch der Unschärferelation der
Quantenphysik sowie zum grundlegenden Denkfehler, der mit einer Interpretation des Heisenberg-Prinzips verbunden ist, welche das Kausalitätsprinzip außer
Kraft setzen will, siehe Kambartel, *Erfahrung und Struktur*, 138-140; ebenso
Hans-Hermann Hoppe, *In Defense of Extreme Rationalism*, Fußnote 36. Vielmehr
ist es gerade diese unbestreitbare praxeologische Tatsache, dass einzelne Messakte
nur der Reihe nach durchgeführt werden können, was die bloße Möglichkeit
von irreduzibel probabilistischen – eher als deterministischen – Vorhersagen, so
wie sie für die Quantenphysik charakteristisch sind, erklärt; und dennoch, um
irgendwelche Experimente auf dem Gebiet der Quantenphysik durchzuführen
und insbesondere um zwei oder mehrere Experimente zu wiederholen und zu
konstatieren, dass dies der Fall ist, muss die Gültigkeit des Kausalitätsprinzips
offenkundig bereits vorausgesetzt werden.

Wer eine dieser beiden Positionen physisch vertritt und den Anspruch stellt, auf diese Weise etwas Sinnvolles zu sagen, liefert vielmehr das Argument für die unbestreitbare Komplementarität von beiden Bereichen, dem der kausalen *und* der teleologischen Phänomene.[66]

Alles, was keine Handlung ist, muss zwangsläufig kausal bestimmt sein. Es gibt nichts, was man a priori über den Umfang dieser Phänomene sagen könnte, außer, dass er kausal strukturiert ist – und dass er in Übereinstimmung mit den Kategorien der Aussagenlogik, Arithmetik und Geometrie strukturiert ist.[67] Alles andere, was man über den Umfang dieser Phänomene wissen kann, muss aus ungewissen Beobachtungen hergeleitet werden und stellt demnach aposteriorisches Wissen dar. Aposteriorisch ist insbesondere alles Wissen darüber, ob zwei oder mehrere konkrete beobachtbare Ereignisse kausal miteinander verknüpft sind oder nicht. Es ist klar ersichtlich, dass der Umfang der Phänomene, die in dieser Weise beschrieben werden, sich (mehr oder weniger) mit dem deckt, was üblicherweise für das Fachgebiet der empirischen Naturwissenschaften gehalten wird.

Demgegenüber muss alles, was eine Handlung ist, teleologisch bestimmt sein. Dieser Bereich von Phänomenen ist ebenfalls von den Gesetzen der Logik und Arithmetik beschränkt, jedoch nicht von den Gesetzen der Geometrie, die in unseren Instrumenten zur Messung räumlich ausgedehnter Objekte enthalten sind, weil Handlungen abseits von subjektiven Interpretationen beobachtbarer Dinge

66   Zur Notwendigkeit der Komplementarität der Kategorien der Kausalität und der Teleologie siehe Ludwig von Mises, *Nationalökonomie*, 26; ders., *Die Letztbegründung der Ökonomik*, 22-24; Hans-Hermann Hoppe, *Kritik der kausalwissenschaftlichen Sozialforschung*, ders., *Is Research Based in Causal Scientific Principles Possible in the Social Sciences?*; Georg Henrik von Wright, *Norm and Action. A Logical Enquiry*, Routledge and Kegan Paul, London 1963, ders., *Explanation and Understanding*, Cornell University Press, Ithaca, N.Y. 1971; Karl-Otto Apel, *Die Erklären: Verstehen Kontroverse in transzendental-pragmatischer Hinsicht*, Suhrkamp, Frankfurt am Main 1979.

67   Noch genauer gesagt ist der Umfang dieser Phänomene gemäß den Kategorien der Logik, Arithmetik und Protophysik (inklusive Geometrie) strukturiert. Siehe dazu auch Fußnote 63.

gar nicht existieren. Deshalb müssen sie viel eher mithilfe
des reflexiven Verstehens identifiziert werden denn durch
Messungen im Raum. Handlungen sind auch keine kausal
verbundenen Ereignisse, sondern Ereignisse, die innerhalb
eines kategorischen Rahmens von Mitteln und Zielen
sinnvoll miteinander verbunden sind.

Niemand kann a priori wissen, welche *speziellen* Wert-
vorstellungen, Wahlmöglichkeiten und Kosten ein Handelnder hat und haben wird. Dies würde völlig in den
Bereich des empirischen aposteriorischen Wissens fallen.
Welche besonderen Handlungen ein Handelnder durch-
führen wird, würde vielmehr von seinem Wissen über
die beobachtbare Realität und/oder über die Realität der
Handlungen von anderen Handelnden abhängen. Und es
wäre offenkundig unmöglich, solche Wissensstände auf
der Basis von zeitunabhängigen Handlungsgründen für
vorhersehbar zu halten. Selbst ein Handelnder, der über
außerordentlich viel Wissen verfügt, kann sein zu
künftiges Wissen, bevor er es nicht tatsächlich erlangt
hat, nicht vorhersagen. Damit beweist er, einfach aufgrund
seiner Fähigkeit, zwischen erfolgreichen und erfolglosen
Vorhersagen zu unterscheiden, dass er sich selbst dazu
imstande halten muss, von unbekannten Erfahrungen in
noch unbekannter Art und Weise zu lernen. Deshalb ist
jedes Wissen über den speziellen Verlauf von Handlungen
nur aposteriori. Und da dieses Wissen auch das Wissen
des Handelnden selbst beinhalten müsste – als ein unum-
gänglicher Bestandteil jeder Handlung, der durch jegliche
Veränderung Einfluss nehmen kann auf eine spezielle
Handlung, die gewählt wurde – muss teleologisches Wissen auch zwangsläufig rekonstruktives oder historisches
Wissen sein. Es würde uns nur Erklärungen ex-post zur
Verfügung stellen, die keine systematische Auswirkung auf
die Vorhersage von zukünftigen Handlungen haben, weil
zukünftige Wissensstände grundsätzlich niemals aufgrund
von konstanten empirischen Handlungsgründen vorhergesagt werden können. Es ist offensichtlich, dass eine derartige Beschreibung eines Teilgebiets aposteriorischer und

rekonstruktiver Handlungswissenschaft bestens auf die übliche Beschreibung von Lehrfächern wie die Geschichtswissenschaft und die Soziologie passt.[68]

Was auf dem Gebiet des Handelns als a priori wahr bekannt *ist* und was folglich jede historische oder soziologische Erklärung einschränken müsste, ist Folgendes: Zum einen würde jede derartige Erklärung, welche im Wesentlichen das Wissen eines Handelnden rekonstruieren müsste, ausnahmslos eine Rekonstruktion in Form eines Wissens über Ziele und Mittel, Wahlmöglichkeiten und Kosten, Profite und Verluste etc. sein. Und weil dies zum anderen unverkennbar die Kategorien der Praxeologie sind, so wie sie Mises konzipiert hat, muss jede derartige Erklärung auch von den Gesetzen der Praxeologie beschränkt sein. Und weil diese Gesetze, wie ich ja bereits erklärt habe, Gesetze a priori sind, müssen sie sich auch als logische Beschränkungen für jeden zukünftigen Handlungsverlauf auswirken. Sie sind gültig, unabhängig davon, welchen konkreten Wissensstand ein Handelnder erworben haben mag, einfach aufgrund der Tatsache, dass, wie auch immer dieser Wissenstand aussehen mag, er bezüglich der Handlungskategorien beschrieben werden muss. Und was die Handlungen als solche betrifft, so müssen die Gesetze der Praxeologie folglich inhaltsgleich mit all jenem prädiktiven Wissen sein, das im Bereich der Handlungswissenschaften möglich ist. In der Tat – und lassen wir jetzt einmal außer acht, dass der Rang der Geometrie als eine Wissenschaft a priori letztlich in unserem Verständnis des Handelns begründet war und dass die Praxeologie insofern als eine noch grundlegendere geistige Disziplin betrachtet werden müsste – kann die besondere Rolle der Praxeologie im eigentlichen Sinne innerhalb des gesamten Systems der Erkenntnistheorie als ein Stück weit analog zu der der Geometrie verstanden werden. Die Praxeologie ist für das

---

68 Zur Logik der Geschichtswissenschaft und Soziologie als rekonstruktive Lehrfächer siehe, zusätzlich zu den bereits am Anfang dieses Kapitels erwähnten Werken von Ludwig von Mises, Hans-Hermann Hoppe, *Kritik der kausalwissenschaftlichen Sozialforschung*, Kapitel 2.

Gebiet des Handelns das, was die euklidische Geometrie für den Bereich der Beobachtungen (Nicht-Handlungen) ist. So wie die Geometrie, die in unsere Messinstrumente eingebunden ist, die räumliche Struktur der beobachtbaren Realität beschränkt, so beschränkt die Praxeologie den Bereich von Dingen, die möglicherweise im Bereich des Handelns erfahren werden können.[69]

---

69   Zur kategorischen Besonderheit der praxeologischen Theorie, Geschichtswissenschaft und Soziologie und zu den logischen Beschränkungen, welche die Praxeologie der historischen und soziologischen Forschung gleich wie den sozialen und ökonomischen Vorhersagen auferlegt, siehe Ludwig von Mises, *Human Action*, 51-59 und 117f; ebenso Hans-Hermann Hoppe, *In Defense of Extreme Rationalism*.

IV

Indem wir somit den Standort der Praxeologie im eigentlichen Sinne ermittelt haben, komme ich zum Ausgangspunkt zurück, indem ich darlege, dass das System der rationalistischen Philosophie letztendlich im Axiom des Handelns begründet ist. Es war hier mein Ziel, die Behauptung von Mises, dass Ökonomik Praxeologie ist, dass die Argumente für die Praxeologie unbestreitbar und die empiristischen oder historizistisch-hermeneutischen Interpretationen der Ökonomik sich selbst widersprechende Lehrmeinungen sind, nochmals zu bestätigen. Und es war ebenso mein Ziel, zu zeigen, dass die Einsicht von Mises in das Wesen der Praxeologie außerdem jene letzten Grundlagen bereitstellt, auf denen die traditionelle rationalistische Philosophie erfolgreich rekonstruiert und systematisch integriert werden kann.

Für einen rationalistischen Philosophen würde dies bedeuten, dass er die Praxeologie näher in Betracht ziehen sollte. Denn es ist genau jene Einsicht in die praxeologische Beschränkung der Wissensstruktur, die dazu imstande ist, die entscheidenden Argumente in seiner intellektuellen Verteidigung gegen den Skeptizismus und Relativismus zu liefern. Für einen Ökonomen in der Tradition von Mises bedeutet dies – behaupte ich – dass er seinen Standpunkt innerhalb der großen Tradition des westlichen Rationalismus deutlich zu verstehen beginnen sollte und lernen sollte, sich in die von dieser Tradition zur Verfügung gestellten Einsichten gut einzuarbeiten, um noch eindrucksvollere und profundere Argumente für die Praxeologie und die Österreichische Schule der Ökonomik vorlegen zu können als jene, die vom großen Mises selbst vorgelegt wurden.

LITERATUREMPFEHLUNGEN

Block, Walter: „On Robert Nozick's 'On Austrian Methodology'", *Inquiry* 23 (1980).

Hollis, Martin, and Nell, Edward: „Rational Economic Man: A Philosophical Critique of Neo-Classical Economics", Cambridge University Press, Cambridge 1975.

Hoppe, Hans-Hermann: „Kritik der kausalwissenschaftlichen Sozialforschung. Unterschungen zur Grundlegung von Soziologie und Ökonomie", Westdeutscher Verlag, Opladen 1983.

— „Is Research Based on Causal Scientific Principles Possible in the Social Sciences?" *Ratio* 25, no. 1 (1983).

— „In Defense of Extreme Rationalism", *Review of Austrian Economics* 3 (1988).

— „A Theory of Socialism and Capitalism", Kluwer Academic Publishers, 1989.

— „On Praxeology and the Praxeological Foundations of Epistemology and Ethics", Llewellyn H. Rockwell, Jr. (Hg.): *The Meaning of Ludwig von Mises*, Ludwig von Mises Institute, Auburn, Ala. 1989.

— „The Economics and Ethics of Private Property", Kluwer Academic Publishers, 1993.

Kirzner, Israel M.: „The Economic Point of View“, Sheed and Ward, Kansas City, Kans. 1976.

Lavoie, Don: „From Hollis and Nell to Hollis and Mises“ Journal of Libertarian Studies, I, no. 4 (1977).

Mises, Ludwig von: „Grundprobleme der Nationalökonomie“, mises.at, Wien 2016.

— „Human Action: A Treatise on Economics“, Henry Regnery, Chicago 1966.

— „Theorie und Geschichte, H. Akston Verlags GmbH, München 2014.

— „Die Letztbegründung der Ökonomik“, mises.at, Wien 2016.

Rizzo, Mario: „Praxeology and Econometrics: A Critique of Positivist Economics“, Louis M. Spadaro (Hg.): *New Directions in Austrian Economics*, Sheed Andrews and McMeel, Kansas City, Kans. 1978.

Robbins, Lionel: „The Nature and Significance of Economic Science“, New York University Press, New York 1984.

Rothbard, Murray N.: „Praxeology: Reply to Mr. Schuller“, *American Economic Review,* December 1951.

— „In Defense of Extreme Apriorism“, *Southern Economic Journal* 23, no. 3 (January 1957).

— „Man, Economy, and State“, Ludwig von Mises Institute, 1993.

— „Praxeology: The Methodology of Austrian Economics.“, Edwin Dolan (Hg.): *The Foundations of Modern*

Austrian Economics, Sheed and Ward, Kansas City, Kans. 1976.

— „Individualism and the Philosophy of the Social Sciences", Cato Institute, San Francisco 1979.

Selgin, George: „Praxeology and Understanding: An Analysis of the Controversy in Austrian Economics.", *Review of Austrian Economics* 2 (1987).

Strigl, Richard von: „Die ökonomischen Kategorien und die Organisation der Wirtschaft", Gustav Fischer, Jena 1923.

ÜBER DEN AUTOR

Hans-Hermann Hoppe ist emeritierter Professor für Ökonomik an der University of Nevada, Las Vegas, USA, Distinguished Fellow des Ludwig von Mises Institute in Auburn, Alabama, USA, Mitglied im wissenschaftlichen Beirat des Ludwig von Mises Institut Deutschland, Gründer und Präsident der Property and Freedom Society und ehemaliger Herausgeber des Journal of Libertarian Studies. Er ist Autor von *Handeln und Erkennen* (1976); *Kritik der kausalwissenschaftlichen Sozialforschung* (1983); *Eigentum, Anarchie und Staat* (1987); *A Theory of Socialism and Capitalism* (1989); *Demokratie. Der Gott, der keiner ist* (2003); *The Economics and Ethics of Private Property* (2006); *Der Wettbewerb der Gauner* (2012); *The Great Fiction. Property, Economy, Society, and the Politics of Decline* (2012) und Herausgeber von *The Myth of National Defense. Essays on the Theory and History of Security Production* (2003). Seine Schriften sind in mehr als zwanzig Sprachen übersetzt worden. Er ist verheiratet mit der Ökonomin Dr. A. Gülçin Imre Hoppe und lebt als Privatgelehrter gemeinsam mit seiner Frau in Istanbul. Mehr Informationen finden Sie unter:

www.hanshoppe.com und
www.propertyandfreedom.org.

Milton Keynes UK
Ingram Content Group UK Ltd.
UKHW022023180923
428938UK00014B/124/J

9 783902 639257